本书是"国家安全与社会治理"研究丛书之一，湖北省国土整治中心科研课题"乡村振兴背景下的国土综合整治路径分析"（编号：HSQ22001）的研究成果

"国家安全与社会治理"研究丛书

丛书主编◎彭庆军

全域国土综合整治
助推乡村振兴的湖北探索

刘成武　黄利民　张　雄◎著

长江出版传媒
湖北人民出版社

图书在版编目（CIP）数据

全域国土综合整治助推乡村振兴的湖北探索 / 刘成武, 黄利民, 张雄
著. -- 武汉：湖北人民出版社, 2024. 12. --ISBN 978-7-216-10942-0

Ⅰ. F327.63

中国国家版本馆CIP数据核字第202416WB33号

责任编辑：杨晓方　丁琦
封面设计：刘舒扬
责任校对：范承勇
责任印制：蔡　琦

全域国土综合整治助推乡村振兴的湖北探索
QUANYU GUOTU ZONGHE ZHENGZHI ZHUTUI XIANGCUN ZHENXING DE HUBEI TANSUO

出版发行：湖北人民出版社	**地址**：武汉市雄楚大道268号
印刷：武汉邮科印务有限公司	**邮编**：430070
开本：787毫米×1092毫米　1/16	**印张**：11.75
字数：211千字	**插页**：2
版次：2024年12月第1版	**印次**：2024年12月第1次印刷
书号：ISBN 978-7-216-10942-0	**定价**：58.00元

本社网址：http://www.hbpp.com.cn
本社旗舰店：http://hbrmcbs.tmall.com
读者服务部电话：027-87679656
投诉举报电话：027-87679757
（图书如出现印装质量问题，由本社负责调换 ）

总　序

　　风调雨顺，是几千年来中国人民年年岁岁的期盼；国泰民安，是几千年来中国人民最基本、最普遍的愿望。维护国家安全，是中国特色社会主义事业顺利推进的保障，也是实现国家长治久安和中华民族伟大复兴的前提。2014年4月15日，习近平总书记在中央国家安全委员会第一次会议上指出，"当前我国国家安全内涵和外延比历史上任何时候都要丰富，时空领域比历史上任何时候都要宽广，内外因素比历史上任何时候都要复杂，必须坚持总体国家安全观，以人民安全为宗旨，以政治安全为根本，以经济安全为基础，以军事、文化、社会安全为保障，以促进国际安全为依托，走出一条中国特色国家安全道路"。2024年是"总体国家安全观"提出十周年，为更加深入系统地学习和贯彻总体国家安全观，策划出版"国家安全和社会治理"研究丛书，正逢其时，意义重大。

　　总体国家安全观的关键是"总体"，根本是人民安全，突出的是"大安全"理念，不再局限于传统的军事、国土、政治等研究领域，而是拓展到经济、文化、社会、技术、网络、生态等近20个领域。要全景式地深入探讨每一个领域所涉及的国家安全，实属本丛书力所不逮。因此，集中选取政治安全、社会安全、技术安全、生态安全、应急管理等具有研究基础和现实需求的重点领域进行剖析，不失为给国家安全问题研究和国家安全学学科建设添砖加瓦的更优路径。

　　中南民族大学是一所直属于中华人民共和国国家民族事务委员会、特色十分鲜明的综合性高等学府，在涉民族、宗教、边疆因素的国家安全思想与理论、国家安全战略、国家安全治理等问题上有着长期深厚的学术积累。我校地处湖北武汉，在武陵山区和长江中游的资源、能源、生态、生物安全等问题的研究上也有着鲜明的地域特色和丰硕的学术成果。因此，本丛书坚持以总体国家安全观为指导，以人民安全为宗旨，立足长江中游战略腹地，紧盯边疆、网络、社会、生态等战略前沿，选题上覆盖了古代中国国家安全思想与当代中国国家安全政策、城乡基层公共安全治理、国土安全与生态安全、边境交通安全、政府网络数据安全等诸多方面，并试图在此基础上，不断出版相关研究成果，为国家安全问题研究贡献绵薄之力。

国家自诞生起就存在国家安全问题，但国家安全学则是一门新兴的交叉学科，2021 年才正式成为独立的一级学科。2024 年，中南民族大学以公共管理学院为牵头单位，有效整合全校相关学科力量，成功获批国家安全学一级学科硕士点，正式开启了国家安全学学科建设。我们期待本丛书的出版能为我校以及兄弟院校的国家安全学高层次人才培养提供有益资源，能为国家安全领域的研究人员、政策制定者、实务工作者提供有益启示，也为普通读者了解国家安全知识、增强国家安全意识起到积极作用。限于编著者水平，书中错漏和不足之处在所难免，敬请各位读者批评指正。

古语云：“君子安而不忘危，存而不忘亡，治而不忘乱，是以身安而国家可保也。”习近平总书记更是多次强调，要常怀远虑、居安思危。当前中华民族伟大复兴战略全局与世界百年未有之大变局交织叠加，中国国家安全面临着一系列的新形势、新任务、新挑战，亟需我们更好地处理好外部安全与内部安全、国土安全与国民安全、传统安全与非传统安全、发展与安全、自身安全与共同安全的辩证统一关系，需要我们更加深入、系统、全面研究国家安全问题。我们期待本丛书能够激发读者的兴趣，促进知识的交流与传播，为国家安全的理论与实践贡献力量。

是为序。

彭庆军

2024 年 11 月

（作者系中南民族大学公共管理学院院长）

前　言

　　新时代的土地综合整治已从传统的农地整理迈向全域性的土地整治，其整治理论、整治目标、整治内涵与关键技术等正在升级换代。在推进乡村全面振兴与实现农业农村现代化过程中，如何创新全域国土综合整治的模式，探索一条助推乡村振兴与粮食安全的国土综合整治路径，对农户增收、农业增产与乡村发展等具有重要现实意义。

　　在湖北省国土整治中心科技创新项目的支持下，我们以湖北省为例，采用实地考察调研、专家咨询与比较分析等方法，对全域国土综合整治助推乡村振兴与粮食安全的模式、路径与政策等内容进行了研究。本书便是在整理研究成果的基础上完成的，共分八章。绪论对项目的研究背景及意义、国内外研究进展、研究思路、研究方法等作了综述；第一章对乡村振兴背景下全域国土综合整治的新内涵、新机遇、新使命与新要求等内容进行了较为系统的解读；第二章从理论上揭示了全域国土综合整治助推乡村振兴的逻辑关系与作用机理；第三章在阐述全域国土综合整治与耕地"进出平衡"逻辑关系的基础上，对"进出平衡"变化及其影响、影响耕地"进出平衡"的障碍因子及其实现路径等进行了研究；第四章对湖北省全域国土综合整治助推乡村振兴的典型模式及其成效进行了调研分析；第五章分析了湖北省全域国土综合整治助推乡村振兴的创新经验与存在的不足；第六章总结了国外其他国家国土综合整治助推乡村振兴的主要做法、共性路径及其政策启示；第七章基于湖北探索实践，提出了进一步提升全域国土综合整治助推乡村振兴效能与保障粮食安全的政策建议。

　　在课题研究与成果整理过程中，湖北省国土整治中心相关领导给予了大力支持与指导，在此致以崇高敬意！感谢武汉市江夏区、黄陂区，黄石市，荆门市，天门市，鄂州市，孝感市，广水市，黄冈市，麻城市，咸宁市咸安区、通城县、嘉鱼县，恩施州宣恩县等地的自然资源与规划局、国土整治局（中心）等单位的领导在调研座谈、资料收集与项目区考察等方面给予的支持！感谢武汉大学刘艳芳、华中科技大学卢新海、中国地质大学（武汉）胡守庚、华中师范大学罗静、华中农业大学柯新利等教授对课题研究工作的指导！中南民族大学硕士研究生毛星月、莫森岚与苏豪等全程参与了实地调研，毛星月与莫森岚同学分别以执行副主编的身份参与撰稿；谭书德、李云帆、周佳佳同学为本书的出版也贡献了自己的劳动与智慧，在此一并感谢他们、祝福他们！

在研究过程中，我们参考了国内外同行的相关文献，从中汲取了不少灵感，引用部分观点，在此，对原作者一并致以崇高的敬意！

目　录

绪　论   1

第一节 研究背景   1

第二节 研究意义   6

第三节 国内外研究进展   7

第四节 目标任务与研究内容   14

第五节 研究思路与方法   16

第一章　乡村振兴背景下全域国土综合整治的使命与要求   19

第一节 乡村振兴战略实施的时代背景与本质需求   19

第二节 乡村振兴背景下全域国土综合整治的新内涵   22

第三节 乡村振兴背景下全域国土综合整治的新机遇   27

第四节 乡村振兴背景下全域国土综合整治的新使命   29

第五节 乡村振兴背景下全域国土综合整治的新要求   31

第二章　全域国土综合整治助推乡村振兴的理论逻辑   35

第一节 全域国土综合整治与乡村振兴的逻辑关系   35

第二节 全域土地综合整治助推乡村振兴的内在机理   37

第三节 全域国土综合整治与全方位夯实粮食安全根基的逻辑关系   40

第三章　全域国土综合整治中的耕地"进出"变化与平衡路径   48

第一节 全域国土综合整治与耕地"进出"变化的逻辑关系   48

　　第二节 全域国土综合整治中的耕地"进出"变化 50

　　第三节 全域国土综合整治中耕地变化的政策应对 53

　　第四节 全域国土综合整治中耕地"进出平衡"的路径障碍 59

　　第五节 全域国土综合整治中耕地"进出平衡"的实现路径 60

第四章　湖北省全域国土综合整治助推乡村振兴的案例模式与路径 66

　　第一节 湖北省全域国土综合整治项目试点的整体进展 66

　　第二节 乡村振兴背景下全域国土综合整治模式的分类 81

　　第三节 基于产业兴旺的国土综合整治模式及其路径探索 86

　　第四节 基于生态宜居的全域国土综合整治模式及其路径探索 97

　　第五节 基于生活富裕的全域国土综合整治模式及其路径探索 105

　　第六节 基于和美乡村建设的全域国土综合整治模式及其路径探索 112

第五章　湖北省全域国土综合整治助推乡村振兴的经验与不足 120

　　第一节 全域国土综合整治助推乡村振兴的案例经验 120

　　第二节 乡村振兴背景下全域国土综合整治中的不足 128

第六章　国外国土综合整治助推乡村振兴的经验启示 140

　　第一节 其他国家国土综合整治助推乡村振兴的主要做法 140

　　第二节 其他国家国土综合整治助推乡村振兴的共性路径 145

　　第三节 其他国家国土综合整治助推乡村振兴的政策启示 152

第七章　进一步提升全域国土综合整治助推乡村振兴效能的建议 156

　　第一节 完善全域国土综合整治管理的系列制度 156

　　第二节 推广全域国土综合整治试点的路径经验 159

　　第三节 创新全域国土综合整治收益增值共享机制 161

　　第四节 提升全域国土综合整治信息化管理能力 163

　　第五节 防患全域国土综合整治过程中的三类风险 166

　　第六节 强化全域国土综合整治过程中的耕地"进出平衡"保护 169

参考文献 172

绪　论

第一节　研究背景

一、乡村振兴中的"三生"用地模式与亟须重构的空间格局

在工业化与城市化快速发展过程中，我国城乡人地关系正在进行深度大调整（刘彦随，2020）。农村地区出现了严重的农地边际化（李秀彬、赵宇鸾，2011）与乡村空心化问题（刘彦随、龙花楼、陈玉福，等，2012）。随着农村大量优质劳动力进城务工，农村地区，尤其是丘陵山区的耕地资源出现了严重的撂荒与低效利用现象（李升发、李秀彬，2016），这种现象不仅直接影响农户增收与乡村富裕，而且导致乡村产粮能力下降，危及国家粮食安全（龙花楼，2015）。在中国经济发展和城镇化建设取得巨大成就的同时，我国社会经济和资源环境之间的矛盾冲突加剧、区域发展不均衡、城乡二元结构畸形等问题凸显。农村地区的功能空间结构失衡、矛盾突出，人与自然之间，生产、生活与生态之间的关系极不协调。

党和政府对人地关系调整过程中出现的这些问题极为重视，及时确定了应对策略。党的十八大报告确定了"生产空间集约高效、生活空间宜居适度、生态空间山清水秀"的"三生空间"发展目标，在二十大报告中又提出了"坚持农业农村优先发展"，这些目标与战略的提出，旨在实现乡村"三生空间"的协调发展（周远波，2020；刘晓恒，2019）。

乡村要振兴，产业必兴旺。生产用地是乡村产业兴旺的基础，是乡村振兴的"牛鼻子"。特色农业资源的开发与现代农业的发展，都离不开耕地破碎化的整治与规模化集约化经营方式的转型，需要优化乡村产业用地空间格局。乡村振兴中

的"生态宜居"，既涉及乡村生态环境的修复与治理，落脚在"生态用地"上；也与乡村建设用地尤其是宅基地紧密相关，激活沉睡的乡村资产最终大多落脚在"生活用地"上。因此，实现乡村的生态宜居也需要优化乡村生态用地、生活用地的空间格局，需要重构新的用地模式。总之，"三生"用地是"三生"功能的具体落实和现实载体，科学合理的"三生"用地布局是实现乡村振兴战略的基础和物质载体，优化"三生"用地格局既能夯实乡村振兴产业发展基础，也能筑牢乡村振兴的生态人文根基，促进人地和谐共生。因此，在乡村振兴战略实施过程中，优化乡村"三生"用地空间格局、重构"三生"用地新模式势在必行。

二、全域国土综合整治是实现乡村振兴战略目标的关键抓手

新时代的全域国土综合整治已从传统的农地整治迈向全域性的综合整治，其整治理论、整治目标、整治内涵与关键技术等正在升级换代（陈伟军，2018）。推进全域土地综合整治，既是加强生态保护、缓解土地资源供需矛盾、促进乡村振兴和城乡统筹发展的一项创新之举，也是构建"山水林田湖生命共同体"的重要一环（胡一婧，2018）。全域土地综合整治相对于传统土地整治的区别在于以"全域"视角实施土地整治。一是整治区域的全域性。强调在统一的地理环境的背景下，全区域统筹安排各类整治活动，实现全空间覆盖。二是整治对象的全要素性。即土地整治的对象不应禁锢于过去土地整治项目所涉及的耕地、建设用地等单个要素，应推进"田、水、路、林、山、村"等多要素的综合整治。三是整治效果的全面性。以"三生空间"为承载，实现生产上进一步严格保护耕地、提升耕地质量，生活上进一步优化空间形态、提升土地利用效率，生态上进一步破解城乡生态空间萎缩、污染问题突出与景观破碎化的问题（张锐，2018）。从中国土地整治事业的演进历程来看，国土综合整治已从服务于实现耕地总量动态平衡的补充耕地的单目标，逐步走向高标准农田建设、村庄整理、农村环境综合治理、农村全域土地整治的多目标，并向着新农村"五位一体"建设的大目标不断迈进。当今中国的土地整治，是实现乡村振兴战略的重要手段，是国家治理相对贫困，迈向共同富裕的重要支撑。

在生态文明建设与乡村振兴的伟大实践过程中，全域土地综合整治已成为应对国土资源利用风险与实施乡村建设行动的重要内容。土地资源的开发利用为我国交通运输事业的高速发展提供了有力支撑，但是，也出现了国土开发失衡、资源约束

趋紧、环境污染严重、生态系统不断退化等问题。为此，中共中央、国务院提出大力推进生态文明建设，积极应对国土资源利用面临的风险与挑战。在《全国国土规划纲要（2016—2030年）》中，我国确立了国土集聚开发、分类保护与综合整治"三位一体"总体格局，对国土综合整治工作进行部署，提出推动形成"四区一带"国土综合整治格局，构建政府主导、社会协同、公众参与的工作机制，加大投入力度，完善多元化投入机制，实施国土综合整治重大工程，修复国土功能，增强国土开发利用与资源环境承载能力之间的匹配程度，提高国土开发利用的效率和质量。在《中华人民共和国国民经济和社会发展第十四个五年规划和2035年远景目标纲要》中，已将"规范开展全域土地综合整治"作为实施乡村建设行动的一项重要内容。党的二十大报告提出要"推动绿色发展，促进人与自然和谐共生"，对未来五年乃至更长时期的生态文明建设作出战略谋划。土地是生态文明建设的空间载体，是经济社会发展和生态文明建设的物质载体。统筹山水林田湖草的土地综合整治在生态文明建设中处于基础地位，应成为推进现代化建设、乡村振兴和城乡融合的集成平台和重要抓手。以全域土地综合整治为基本载体和重要抓手，因地制宜、因村施策，坚持人口资源环境相均衡、经济社会生态效益相统一，分类开展整治，打造集约高效的生产空间，营造宜居适度的生活空间，保护山清水秀的生态空间。开展全域土地综合整治是全方位、全过程、全地域推进生态文明建设和乡村振兴的重要举措。

三、全域国土综合整治助推乡村振兴的模式、路径等仍需探索

2018年6月，自然资源部印发通知，明确要贯彻落实习近平总书记对浙江"千村示范、万村整治"重要指示批示精神，按照《乡村振兴战略规划（2018—2022年）》相关部署要求，在全国范围内部署开展全域土地综合整治试点工作。2018年9月，浙江"千村示范、万村整治"工程获得联合国环境规划署"地球卫士奖"，得到了国际上的充分认可（许恒周，2021）。该工程充分证明通过全域土地综合整治，不仅能促进耕地保护和土地集约节约，还能改善农村生态环境，为农业农村提供发展空间，助推乡村振兴，是践行绿水青山就是金山银山理念的最佳典范。实践证明，土地综合整治已经成为贯彻习近平生态文明思想、实施乡村振兴战略的重要手段，是履行自然资源部统一行使所有国土空间用途管制和生态保护修复职责、实施国土空间规划的平台抓手（惠鹏凯，2021）。2019年11月，

全域国土综合整治助推乡村振兴的湖北探索

湖北省自然资源厅印发《关于推进全域国土综合整治的意见》（后简称《意见》），是继浙江省之后全国第二个发文部署全域国土综合整治的省份，走在全国前列，具有标杆意义。《意见》主要目标是按照山水林田湖草系统治理的理念，通过全域规划、整体设计、综合治理，优化生产生活生态空间，建设一批国土综合整治示范村镇，着力解决耕地碎片化、空间布局无序化、资源利用低效化、生态质量退化等问题，努力打造集约高效的生产空间、宜居适度的生活空间、山清水秀的生态空间，为推进全省高质量发展提供有力支撑。

在乡村振兴过程中，耕地碎片化、空间布局无序化、土地资源利用低效化、生态质量退化等多维度问题并存，单一的土地整治模式已难以完全解决综合问题（韩博、金晓斌，等，2021）。近年来，不少学者在乡村振兴背景下围绕土地综合整治的内涵、对象、目标、模式及其实现路径等主题，对我国国土综合整治进行了一些探索（陈宾，2019）。学界普遍认为土地整治是地方主体调整乡村土地利用问题的重要手段，能够实现乡村资源整合与集约利用、改善人居环境、优化"三生空间"等多种功能（刘丰华，2019）。虽然目前对全域国土综合整治的概念表述不一，但都认为全域土地综合整治是一种基于国土空间规划，以农用地整治、农村建设用地整治、生态环境整治为主要内容，将山水林田湖草等全要素作为作用对象，以保护耕地、集约节约用地、改善生态环境为核心目标的土地整治模式，是推动乡村振兴和实现城乡融合发展的重要手段和必然途径（韩博、金晓斌，等，2021）。也有学者在借鉴国外土地综合整治经验的基础上，围绕乡村振兴背景下土地整治的模式、土地综合整治与产业发展结合、土地综合整治和生态环境建设等主题，基于地方实践总结了一些具有代表性的全域土地综合整治模式，如"城乡一体"发展模式、"现代农业"引领模式、"乡村旅游"带动模式、"合村聚类"规划模式、"农田整治"保护模式、"产业生态"融合模式（王真，2021）。

学界研究与地方实践为我国乡村振兴背景下的全域国土综合整治顺利推进奠定了扎实的基础。但是，从全国各地的试点情况来看，人们对全域国土综合整治的内涵、对象、目标等基础理论的认识仍需不断深化，对乡村振兴背景下的国土综合整治模式的探索还不足，以及国土综合整治助推乡村振兴的实现路径等实践环节的问题仍需创新突破。

四、全域国土综合整治试点项目的进展及经验亟须调研总结

习近平总书记指出，"建设生态文明、推动绿色低碳循环发展，不仅可以满足人民日益增长的优美生态环境需要，而且可以推动实现更高质量、更有效率、更加公平、更可持续、更为安全的发展，走出一条生产发展、生活富裕、生态良好的文明发展道路"①。为贯彻落实习近平总书记重要指示批示精神，各省市陆续开展全域国土综合整治试点工作，湖北作为长江中游重要省份，不断探索全域国土综合整治的新思路、新路径、新模式。2019年11月，湖北省人民政府批转《关于推进全域国土综合整治的意见》，要求各地区按照山水林田湖草系统治理的理念，以科学合理规划为前提，以乡镇为基本实施单元，针对农村耕地碎片化、空间布局无序化、土地资源利用低效化、生态质量退化等综合性问题（陈坤秋、龙花楼，2020），通过全域规划、整体设计、综合治理、多措并举，用"内涵综合、目标综合、手段综合、效益综合"的综合性整治手段，整体推进农用地整理、建设用地整理和乡村生态保护修复。2020年4月，《湖北省国民经济和社会发展第十四个五年规划和二〇三五年远景目标纲要》正式发布，要求通过全域国土综合整治，改善农村人居环境，打造宜居、宜游、宜业、宜养的美丽乡村。2021年7月，湖北省全域国土综合整治领导小组办公室印发《关于加强全域国土综合整治试点项目实施管理的通知》，提出各市、州、县人民政府要坚持规划引领、政府主导、改革创新和底线思维，规范项目实施流程，构建多元化资金筹措机制，因地制宜探索符合各试点所在区域实际情况、独具区域特色的国土综合整治模式和路径。2022年3月，湖北省人民政府办公厅印发《深化自然资源管理改革服务高质量发展的若干措施的通知》，提出充分发挥全域国土综合整治优化空间布局的功能，统筹谋划各类整治项目，实施全域、全地类、全要素整治。这些文件体现了湖北省对全域国土综合整治工作的高度重视，为全域国土综合整治项目实施营造了良好的政策环境。

在项目试点方面，2018年，湖北省率先启动了嘉鱼、仙桃、天门和公安4个试点项目。2020年4月，湖北省全域国土综合整治领导小组办公室印发了《关于

① 习近平：《努力建设人与自然和谐共生的现代化》，《求是》2011年第11期。

申报全域国土综合整治项目的通知》，要求开展全域国土综合整治项目申报。经市县自主申报、竞争性评审和网上公示，湖北省全域国土综合整治领导小组办公室确定将33个项目纳入省级试点项目名单、9个项目纳入市级试点项目名单。2021年，经评审确定33个项目纳入省级试点、16个项目纳入市级试点。截至2022年2月，湖北省共有95个试点项目（项目清单参见表5-1），其中国家级试点项目20个，省级试点项目50个，市级试点项目25个，5个县（市）域成为全域国土综合整治试点县（市）。

经过近5年的实践探索，湖北省在全域国土综合整治实践探索中取得了显著进展，多个试点项目助推乡村振兴的效果正在彰显。但是，在项目推进过程中，许多地方政府也碰到了"项目融资、产业导入、技术支撑、制度约束"等方面的难题，迫切需要省厅给予政策方面的支持。因此，在多个全域国土综合整治试点项目实践探索的基础上，查找项目试点中的问题，总结提炼乡村振兴背景下的湖北省国土综合整治模式与经验，探索一条助推乡村振兴的土地治理路径非常必要。

第二节 研究意义

一、深化全域国土综合整治助推乡村振兴的理论认识

本书将在厘清全域土地综合整治与乡村振兴的作用机理的基础上，基于典型案例的考察调研资料，总结提炼国土综合整治助推乡村振兴的模式，分析其实现路径；全域国土综合整治过程中，耕地将会出现哪些进出变化，为什么会有这种进出变化，这种变化又意味着什么，当前全域国土综合整治中耕地"进出平衡"的难点在哪里、如何应对？对这些问题的研究，将深化乡村振兴背景下对国土综合整治理论的认识。

二、为全域国土综合整治助推乡村振兴提供路径参考

不同地区的土地资源禀赋不同、社会经济基础有异，在重塑乡村国土空间"三生"用地格局与乡村人地关系的过程中，其全域国土综合整治的模式与实现

路径也是不同的。本书研究成果是在典型案例调查研究基础上，总结提炼出来的全域国土综合整治助推乡村振兴的共性经验与实现路径，不仅对我省优化下一阶段的全域国土综合整治工作具有重要的决策参考价值，而且也能为其他地区在乡村振兴背景下的全域国土综合整治提供模式与路径方面的参考。

第三节 国内外研究进展

一、全域国土综合整治与乡村振兴关系方面的研究进展

全域国土综合整治作为协调人地关系的一种手段，具有重构城乡空间、保障粮食安全、统筹城乡发展、集约利用资源和改善人居环境等多重功能，与乡村振兴的多重目标相契合，是乡村振兴的助推剂（龙花楼、张英男、屠爽爽，2018）。乡村振兴与全域国土综合整治的关系可以总结为耦合关系和互利关系，乡村土地整治是多元化的整治过程，是实现各个发展要素之间协调发展的过程，以此来形成可持续的乡村经济发展链条，进而实现乡村振兴，而乡村的振兴反过来也会影响土地整治，督促乡村管理者、当地村民对土地进行生态化的开发和利用（樊建琼，2021）。全域土地综合整治对实施乡村振兴战略的响应也不是单向被动的，而是有着双向的作用机理和紧密的内在联系（伍黎芝，2020）。乡村振兴为农村土地整治转型发展提供了新的重大历史机遇，成为全域土地综合整治的大平台；而全域土地综合整治的实质就是通过调整空间结构、改善空间组织、强化空间功能、提升空间品质、优化空间格局、合理组织乡村空间利用为乡村振兴提供高品质的适配空间支撑，高度契合了乡村振兴对空间的需求响应。土地是农村最大的资源和最重要的生产要素，实施乡村振兴战略，必须进一步激活这个宝贵的要素资源，唤醒沉睡的土地，加快构建城乡要素平等交换体制机制，实施全域国土综合整治，打通"绿水青山"转变为"金山银山"的通道（钟天明、严桥来、何佑勇，2020）。

二、全域国土综合整治助推乡村振兴模式方面的研究进展

浙江省自2003年以来，以"千村示范、万村整治"工程为平台，开展了丰富多彩的实践项目。2018年浙江省发布《关于实施全域土地综合整治与生态修

复工程的意见》后，积极探索产业融合型、城郊低效建设用地整治型、现代农业引领型等多种土地整治模式。2020年湖北省全面启动试点工作，安排试点项目46个，覆盖310个村庄，预计投资306亿元，涵盖郊野公园型、乡村旅游型、城乡融合型、现代农业型、传统文化保护型、矿山生态修复型、流域综合治理型、脱贫帮扶巩固型八种全域国土综合整治模式。基于地方特色的土地综合整治可概括为"城乡一体"发展模式、"现代农业"引领模式、"乡村旅游"带动模式、"合村聚类"规划模式、"农田整治"保护模式及"产业生态"融合模式（许恒周，2021）。从国土综合整治的目标来看，面向乡村振兴的全域土地综合整治实施路径有"以促进城乡要素流动为主的政府主导型模式、以发展现代农业和休闲旅游业为主的企业带动型模式和以空间治理建设美丽乡村为主的村集体自主型模式"（伍黎芝，2020）。在这一分类方法下，也有学者将全域土地综合整治助推乡村振兴的模式总结为"基于城乡融合的土地整治、基于产业发展的土地整治以及基于生态建设的土地整治"（万婷、张淼，2018）。关于区域土地整治模式的选择应遵循农村地域的空间差异性及发展的阶段性这一方面，主要有以下几种观点：从农业发展、生态环境、城乡发展角度将江苏省土地整治模式归纳为农村居民点整治模式、环太湖河网城市带土地整治模式、适应城镇发展型土地整治模式（张健、濮励杰、蔡芳芳，等，2013）；也可将土地整治模式归纳为区域差异性模式、城乡一体化模式、"一整三环"模式、统筹协同决策模式（刘彦随，2018）；成都市土地管理制度创新试验中的多种模式可总结为城乡用地"一张图"模式、城乡建设用地增减挂钩模式、土地综合整治模式、生态搬迁模式等（严金明、王晨，2011）。根据各地的实践经验，将各地模式总结为城乡一体发展型、现代农业引领型、产业生态融合型、文化旅游带动型及农田整治保护型（钟天明、严桥来、何佑勇，2020）。从各地的实践也可以看出，乡村振兴战略的总体要求体现在全域土地综合整治的各个环节和各个方面，全域土地综合整治又有力地助推了乡村振兴战略的实施。针对不同类型村庄采取差别化的整治策略和措施，总结了不同的土地综合整治模式：城郊融合类村庄——开展低效用地整治、郊野公园建设；集聚提升类村庄——开展村庄改造提升、发展现代农业；特色保护类村庄——开展特色保护修复、发展乡村旅游；搬迁拆并类村庄——实施生态移民搬迁（何佑勇、沈志勤、程佳，2021）。

三、全域国土综合整治助推乡村振兴路径方面的研究进展

项目资金、管理制度、实施机制与整治技术等因子，对全域国土综合整治助推乡村振兴的效果具有重要影响（杨忍、刘芮彤，2021）。

从项目的管理制度创新来看，德国通过法律手段，建立了覆盖"联邦政府——州政府——地方政府"全系统的乡村建设法律框架体系，有力促进了土地整合和乡村更新，奠定了农村土地整治的依据。荷兰通过颁布《土地整理法》《乡村发展的布局安排》《自然和景观保护法》和《农村地区开发法》等法案以明确农村土地整治的多目标性，以此确保实现乡村综合发展（Zlatica Muchov，2016）。日本颁布的国土规划和国土整治相关法律法规共有130部之多，包括《农地法》《农业振兴地域法》《土地改良法》《农业经营基础强化促进法》《水利资源开发促进法》《森林开发公团法》，由这些法律法规构成的制度体系有力地保障了日本国土规划和国土综合整治工作的开展；日本鼓励农地流转，但是并非运用行政手段进行强制性干预，只是出台相关经济激励政策（陈为，1999）。此外，日本还实施专业农民认证制度，鼓励农民的职业化发展，提高农业生产技术水平和农业生产效率。

从国内的情况来看，全域国土综合整治的政策调整主要体现在如下三个方面（向勇等，2020；金炜玲，2022；尹怡诚等，2021）：一是加强顶层设计，从土地、经济、重大项目安排等多个方面，不断完善全域国土综合整治的配套制度，加大综合性配套制度供给力度，提高全域国土综合整治的工作效率。对农村生产、生活、生态空间进行全域优化布局，对田水林路村等进行全要素综合整治，着力推动空间形态、产业发展、生态环境、人居环境、基础设施、乡风文明、乡村治理的系统重塑和综合集成创新。二是调整优化国土空间布局。对现状建设用地规模确实无法满足农村发展及村庄建设需要的，在符合土地利用总体规划前提下，允许使用规划新增建设用地预留指标，适当扩大村庄建设用地规模。各项目区可提留不超过建设用地复垦面积的20%，作为规划新增建设用地预留指标，保障项目区内农村基础设施和新产业新业态发展用地。三是调整优化永久基本农田布局。通过创新永久基本农田动态调优机制，将永久基本农田现状周边的农用地、零散耕地和零星建设用地复垦后纳入永久基本农田整备区，逐步形成与永久基本农田连通连片、设施完善、质量相当的优质耕地。对达到永久基本农田标准

的，纳入永久基本农田储备库，通过数据库年度更新与零星永久基本农田调整相挂钩。

从项目的实施机制来看，德国土地整治在组织路径上的显著特点是多主体协同运作，参加土地整治的机构主要有州、地区土地整治机构，参加者联合会，还有土地整治总联合会和土地整治协会，此外，参加土地整治还有自然保护主管机关、农业局、水利局、林业局、测量局、公路工程局、高速公路局、文物保护局、乡镇政府等几十个机构（Erich Wei，1999）；日本在实施土地整治过程中制定了周密完备的工作程序，充分保障农户的知情权、参与权（焦必方，2004），公众参与度高，其土地整治既是政府行为，也是公众的自觉行为，因此在实施过程中能够得到公众的支持。从国内的情况来看，主要采用"政府主导，部门协同、公众参与"的实施机制。全域国土综合整治项目是一个系统性工程，涉及内容众多，需要政府主导，给予高度重视，组织专班，统筹协调各相关部门，做好组织管理和制度建设，并进行监督考核，保障全域国土综合整治项目的圆满完成（胡动刚，2021）；全域国土综合整治项目是一个综合性工程项目，要统筹自然资源、发改、水利、林业、住建、农业农村、环境保护、文旅、交通等众多部门，统一由县（市、区）政府成立领导小组，进行统一协调，保障项目顺利推进。

从项目的融资路径来看，德国土地整治的融资路径多样化，形成了市场化的投融资模式。德国的乡村土地整治经费一般都是由中央、地方和土地所有者共同承担，政府资助为主导，各业主分担其中的部分费用，形成了政府主导和业主分担相结合的投融资模式，资金的筹集管理实现了市场化运作（贾文涛、张中帆，2005）。大多数学者认为在全域国土综合整治过程中需要建立多元主体投融模式。创新土地工程项目运营机制，拓宽土地整治资金渠道，探索由政府、企业、个人等多元主体投入的资金支撑模式，中长期形成政府投入持续加大、社会资本广泛参与、市场机制项目运营的多元化资金投入机制，实现多元共投，确保土地整治能够有效助推乡村转型发展。积极统筹财政资金，构建多元投入的新机制，重点支持历史遗留问题较多、区域发展滞后等问题区域以及对全省发展有重要影响区域的全域国土综合整治工作。在实施推进过程中，积极拓宽全域国土综合整治资金渠道，探索建立鼓励社会资金投资多元投入机制。同时需要指出的是，农村土地制度改革能够有效盘活农村沉睡的土地资产，通过制度改革和机制创新，即可成为土地整治和乡村振兴的重要资金来源。

从项目整治的技术路径来看，德国通过规划手段建立四级规划体系，确保乡村建设有序推进。其中联邦、州、区域层面的规划偏重政策性和指导性，地方规划包括指导实际建设的城市土地利用规划、景观规划和更详尽的建造规划等；日本在区域土地整治规划编制过程中，既重视路、沟、渠工程布局，又重视田、村布局；注重整治区水土重构技术、防护工程与景观生态再造技术、土地整治高效施工技术和生物－理化联合改良工程技术，重视农田防护、水土保持与景观空间单元组合等景观生态效应的发挥。

国内主要以整乡整村为对象，从综合性和复合性角度整体规划全域国土综合整治的目标任务和工程措施，整合力量、集中资金、集聚资源，重点抓好农村用地空间治理、闲置浪费与低效利用建设用地整治、生态环境整治修复等方面的工作，以乡村全域土地综合整治与生态修复工程为载体，以村庄规划编制为基础，开展土地利用现状和潜力调查，准确把握乡村特色、地域特征、农村实际、发展现状和功能定位。合理划定功能分区，因地制宜探索土地整治模式和路径，融合土地整治、农村公路建设、农业综合开发、农田水利、危旧房改造等相关涉农项目和资金。在实施中坚持"宜农则农、宜林则林、宜水则水、宜建则建"，有效保障美丽乡村建设、农村新产业新业态和一二三产业融合发展用地，进行高质量、高效率的统筹整合，来搭建乡村振兴的有效平台。

从整治项目区的产业发展路径来看，德国通过对农村地区的土地整治，完善乡村产业基础设施和产业配套与服务功能，同时给予土地、税收等优惠政策，增强乡村地区对年轻人和大企业的吸引力，将传统农业型村庄转变成为第二、三产业工商特色城镇。日本利用田块合并改善农地细碎化，并通过扩大农户经营规模、调整农业生产结构、建设农业生产基地等措施，增强产业基础，初步实现农林渔业经营现代化（尹怡诚等，2021）；充分发挥当地的人文、环境、自然资源等优势，积极发展旅游业，促进农村振兴。韩国通过营造具有传统的地方特色的乡村景观，如在有些地方建观光农业开发区和农业特色产品开发区，将乡村打造成为融观光、休闲、度假等多功能为一体的新型现代化农村，实现了乡村与城市共存。俄罗斯对农村地区发展采取差异化的方式，参照地域特征及农村社会经济发展潜力，缩小区域间和区域内农村居民生活水平和生活质量差距；扩大和深化城乡融合，实现乡村与城市同步发展。

而国内学者在产业路径研究方面更加重视发挥全域国土综合整治的平台和基

础作用，提出要强化"国土综合整治＋"的理念，利用区域经济与产业结构优势，融合发展"互联网＋"，发挥各种相关要素资源过程中的基础作用，推动区域土地利用综合价值的不断提升；根据区位条件、资源禀赋和发展基础，因地制宜发展特色产业；加快农业产业化发展，发挥农业龙头企业引领作用，建设一批优势特色农业产业集群，构建一二三产业融合发展体系，加强农业全产业链建设；推动具有区位优势或独特资源的区域统筹加强政策引导和市场化运作，逐步发展成为具备先进制造、资源加工、商贸物流、文化旅游等专业功能的区域。

四、全域国土综合整治助推乡村振兴机制方面的研究进展

欧盟促进乡村地区综合发展最主要的项目是农村地区发展联合行动项目（LEADER项目），其通过欧洲财政、政府补贴、私人投资等多种融资渠道，为乡村地区在提升农业生产的基础能力、营造宜人的环境、创造当地的就业机会及改善当地人的生活质量等方面提供支持。

德国土地整治的目的不仅在于保证地区及国家的粮食安全和土地的可持续利用，改善农业的生产条件和农村人口的生活条件，实现土地的集约利用，更是通过农业升级、生态环境保护、村镇革新、文化传承及多元产业导入来推动农村土地的开发和价值最大化，最终实现城乡融合和价值兑换。德国的"村庄更新"注重强化住宅改造和生活环境建设，从空间规划、工程技术、利益协调与公众参与、拓宽融资等方面促进村庄更新活动，营造高品质的生活氛围，提升乡村生活品质为乡村创造和保持与城市同等的条件（尹怡诚等，2021）。

荷兰的农村土地整治目标从初始时期单纯地改善农业生产条件、提高农业生产效率，发展成为以乡村土地多重利用来实现乡村景观规划目标，促进了对地区乡村文化和传统景观的保护和延续，兼顾了生产、生态、文化和景观的需要，实现了荷兰乡村地区的综合发展。

20世纪60年代，日本农村人口急剧流向城市，农村出现"过疏"现象，传统的村落社会出现衰退。20世纪70年代中期到90年代，针对经济快速增长和工业化、城市化加快所引起的农村劳动力迅速转移和城市用地迅速扩张的趋势，日本政府开始实施地区振兴计划，制定了《过疏地域措置法》，资金、技术、人口开始向农村回流。日本农村土地整治工作重心转移到了对广大农村地区推行"山、水、田、林、路、村"的综合整治，积极推进城乡一体化发展，将村庄整

治作为协调乡村城镇化和农业现代化用地矛盾的重要手段，重点是对村庄进行综合治理，强化乡村基础设施和公共服务设施建设，从而大力改善乡村生活环境，并结合地方特色积极打造"山川优美"的特色乡村，实现乡村可持续发展。

韩国"新村运动"的主要内容是通过实施土地整治、村庄环境治理、建设农业基础设施与农村公共设施、开展"一区一社一村一品"运动、建立农村协作组织等，目的是将原来落后的农村和农村社会建设成为崭新的现代化农村和农村社会。韩国的"新村运动"主要包括基础建设阶段、扩散阶段、充实与提高阶段。

俄罗斯当前已拥有一个非常完整和系统的土地整治体系，其最重要的作用是调整土地关系、组织土地利用和管理土地资源。通过土地整治工作发展地方自治、公民社会组织、各种形式的协作，提高农村居民对农村地区发展决策的参与程度；合理利用自然资源、保护和改善传统农田景观，进而提升乡村整体景观，促进乡村振兴。

我国积极开展全域国土综合整治工作，推动传统单一农田整治向综合整治转型升级，把国土综合整治作为服务生态文明建设、乡村振兴和县域经济发展的重要平台、优化生产力布局、推动高质量发展的重要保障。在特定范围内整体开展农用地整治、建设用地整治、生态保护修复及农村历史文化传承，对闲置低效、生态退化及环境破坏的区域实施国土空间综合治理。按照山水林田湖草系统治理的理念，通过全域规划、整体设计、综合治理，优化生产生活生态空间，建设一批国土综合整治示范村镇，着力解决耕地碎片化、空间布局无序化、资源利用低效化、生态质量退化等问题，努力打造集约高效的生产空间、宜居适度的生活空间、山清水秀的生态空间。综合运用经济、行政、法律等多种手段和政策措施，实施整治保护、修复改造和优化提升等重大工程，以此优化国土空间功能、提高资源利用效率、改善国土质量，促进国土开发利用高效，推动乡村三产融合发展，巩固拓展脱贫攻坚成果，全面推进乡村振兴。

五、研究进展述评

土地整治作为地方主体调整乡村土地利用问题的重要手段，能够实现乡村资源整合与集约利用、改善人居环境、优化"三生空间"等多种功能，受到了各个国家的高度重视。国外许多国家在城市化进程中始终重视乡村土地整治，将其作为解决乡村发展问题的重要切入点，成为城乡等值化发展的重要平台。目前，国际上已将土地综合整治作为农村发展的重要工具，认为其在城乡等值化发展、增加农民收入、助推地区经济发展和改善生产生活环境方面作用巨大。他们不断调整土地整治的主题和国土综合整治的主要任务，逐步由土地整治转型为集农业规模化经营、生态环境保护、水资源利用与保护、村镇革新、城镇区域发展等于一体的综合整治模式，探索出了一条适合其农村区域可持续发展的实践道路，其发展历程和经验对我国开展国土综合整治工作具有重要的借鉴意义。

全域国土综合整治是我国新时期自然资源改革创新的重要探索，应把全域国土综合整治放在更重要的战略地位上来。明确全域国土综合整治的总体定位，确定全域国土综合整治的主要目标，深化推进全域国土综合整治工作。坚持在整治目标、内容、手段及预期效果等方面体现综合理念。全面修复自然资源，提升自然资源质量；严格保护耕地，大规模建设高产稳产良田；开展农村建设用地整治，改善农村生产生活条件；推进城镇和工矿建设用地整治，提高建设用地保障能力；整治林、草、水等自然资源，构筑国土生态安全屏障；完善自然资源整治制度体系，促进国土资源治理转型优化；开展农村历史文化传承与保护工作，留住"乡愁"；开展不同类型和模式的全域国土综合整治，塑造区域"三生"格局，提升农村自然资源经济价值，推动城乡统筹发展，推进乡村全面振兴。

第四节　目标任务与研究内容

一、目标任务

（一）厘清乡村振兴背景下全域国土综合整治的典型模式及其实现路径

全域国土综合整治是一种全地域、全要素、全周期、全链条的土地整治活动，其土地整治的模式与路径比我国过去的土地整理更为复杂、多样，在乡村振兴背景下，我国全域国土综合整治正在各地试点探索。本书将通过湖北省试点项目的考察调研，总结我省典型的案例模式，厘清其整治路径，为助推乡村振兴提供支撑。

（二）总结湖北省全域国土综合整治助推乡村振兴的共性经验与不足

不同地区的资源禀赋与社会经济基础不同，其全域国土综合整治助推乡村振兴的模式与路径也不一致。本书将在典型模式考察与地区比较的基础上，总结湖北省全域国土综合整治助推乡村振兴的共性经验，找出项目试点中存在的共性问题，为优化乡村振兴背景下的全域国土综合整治路径奠定基础。

（三）揭示全域国土综合整治与耕地"进出平衡"的关系

在厘清国土综合整治与耕地"进出"变化之间的逻辑关系的基础上，从理论上揭示全域国土综合整治中的耕地变化及其作用机制；在明晰耕地"进出"变化影响重要性的基础上，剖析了影响耕地"进出平衡"的障碍因子，提出应对耕地"进出平衡"的办法。

（四）为乡村振兴背景下的全域国土综合整治工作优化提供对策建议

全域国土综合整治作为助推"产业兴旺、生态宜居、乡风文明、治理有效与生活富裕"的重要平台，是全面推进乡村振兴的关键抓手，及时总结项目试点中的经验，发现存在的共性问题，对优化乡村振兴背景下的全域国土综合整治工作具有重要的实践参考价值。本书将基于湖北省全域国土综合整治试点地区的实际情况，科学分析典型案例模式，总结成功经验，为乡村振兴战略背景下的全域国土综合整治工作提供对策建议。

二、研究内容

（一）乡村振兴背景下全域国土综合整治的机遇与使命

从实施乡村振兴战略的背景分析出发，剖析乡村振兴战略的内在涵义和本质需求，分析新时代的乡村振兴为全域国土综合整治带来的机遇和使命，明确乡村振兴战略对全域国土综合整治的新要求。

（二）全域国土综合整治助推乡村振兴的理论逻辑

厘清全域国土综合整治目标与乡村振兴战略总要求的关系，研究国土综合整治中的土地利用变化与乡村发展状态的耦合机理，揭示全域土地综合整治助推乡村振兴的作用机制，明确全域国土综合整治助推乡村振兴的逻辑路径。

（三）全域国土综合整治助推乡村振兴的案例模式及路径探索

这是本书研究的重点与难点。先对学界关于全域国土综合整治模式的研究进展进行梳理，再在实地考察调研的基础上，从乡村振兴视角凝练我省全域国土综合整治的典型模式，并分析这些整治模式的特点与实现路径。

（四）全域国土综合整治助推乡村振兴的共性经验与路径障碍

在厘清湖北省全域国土综合整治助推乡村振兴案例模式的基础上，从实施机制、项目融资、产业导入、技术支撑等视角，总结凝练乡村振兴背景下全域国土综合整治项目的共性路径和创新经验，并从整治制度、实施机制、产业导入、项目风险、信息技术等视角，剖析当前全域国土综合整治中的路径障碍。

（五）全域国土综合整治中的耕地"进出"变化与平衡路径

这是本书研究的难点。先厘清全域国土综合整治中耕地"进出"变化的理论逻辑，揭示国土综合整治中耕地"进出"的关键变化；再分析我国耕地"进出平衡"政策的内涵与本质特征；最后在分析影响耕地"进出平衡"路径障碍的基础上，研究全域国土综合整治中耕地"进出平衡"的实现路径。

（六）其他国家国土综合整治助推乡村振兴的经验启示

以德国、荷兰、日本与俄罗斯等国家为例，考察国外国土综合整治助推乡村发展的主要做法和共性路径，分析国际经验对中国全域国土综合整治助推乡村振兴的启示。

（七）进一步优化全域国土综合整治工作的对策建议

基于湖北省全域国土综合整治试点地区的实际情况，借鉴国内外成功经验，剖析当前存在的障碍，并提出进一步优化湖北省全域国土综合整治工作的对策建议。

第五节　研究思路与方法

一、研究思路

按照"理论梳理——实地调研考察——案例整理分析——成果总结"的逻辑顺序展开研究，共分四个阶段，各阶段的目标、任务与方法参见图0-1。

二、主要研究方法

（一）文献研究法

依托文献资料，掌握国内外土地综合整治及其助推乡村振兴的前沿动态，关注国内外全域国土综合整治的新技术与新方法，对全域国土综合整治理论进展及其与耕地"进出平衡"的关系等进行系统分析与总结。在此基础上，结合湖北省的实践情况，对乡村振兴背景下的全域国土综合整治的目标与内容、模式与路径，以及全域国土综合整治中的耕地"进出平衡"等内容进行探索，为乡村振兴背景下的全域国土综合整治路径分析奠定理论基础。

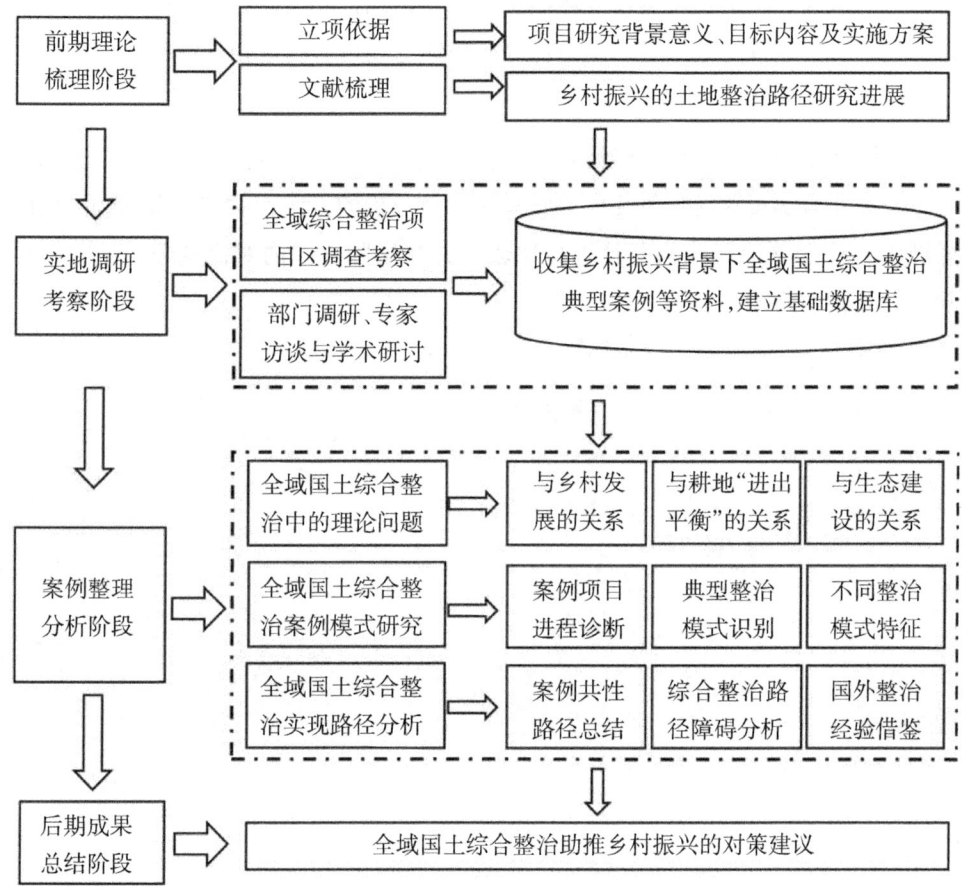

图0-1　项目研究技术路线图

（二）专家咨询法

充分听取国内土地综合整治领域专家与广大实践工作者的意见，了解我国全域国土综合整治工作的整体进展、成效、存在的问题等内容，准确把握乡村振兴背景下全域国土综合整治的需要与机遇；听取国土综合整治、乡村振兴、生态环境保护等部门管理者与实践者的意见，借鉴国内外土地综合整治助推乡村发展的成功经验，为优化我省全域国土综合整治工作提供支持。

（三）田野调查法

在征求专家学者、部门管理者与基层政府推荐意见的基础上，遴选我省土地综合整治助推乡村振兴的典型案例进行实地考察与调研。先通过与相关部门及基层政府的座谈，了解调研县市全域国土综合整治助推乡村振兴的实际进展，然后对案例项目区进行实地考察，走访部分村集体与农户，收集相关资料。

（四）比较分析法

不同地区的资源条件、经济基础与社会发展状态差异较大，其全域国土综合整治的模式与实现路径各不相同。将采用比较分析的方法，对湖北省部分区域的全域国土综合整治模式与路径进行比较，并从国际、国内对比视角总结共性经验，寻找共性路径。

第一章　乡村振兴背景下全域国土综合整治的使命与要求

第一节　乡村振兴战略实施的时代背景与本质需求

一、实施乡村振兴战略的时代背景

（一）实施乡村振兴战略是开启全面建设社会主义现代化国家新征程的必然选择

党的二十大报告强调："全面建设社会主义现代化国家，最艰巨最繁重的任务仍然在农村。"这是党的二十大报告对农村发展的重视，强调农村发展任务的艰巨性和繁重性，意味着在推动全面建设社会主义现代化过程中，解决农村问题是一项极为重要且复杂的任务。这表明，"三农"作为国之根本，"三农"工作重中之重的地位依然没有变，特别是在新时期解决人民日益增长的美好生活需要和不平衡不充分的发展之间的矛盾，全面建设社会主义现代化的大头、重点和难点都在"三农"，"三农"工作重中之重的地位不仅不能削弱，而且更要加强。实施乡村振兴战略是我国全面建设社会主义现代化的关键环节，是实现中华民族伟大复兴中国梦的客观要求，也是党落实为人民服务这一根本宗旨的重要体现。

（二）实施乡村振兴战略是实现中国式现代化的必然要求

党的二十大报告提出中国共产党的中心任务就是团结带领全国各族人民全面建成社会主义现代化强国、实现第二个百年奋斗目标，以中国式现代化全面推进中华民族伟大复兴。实施乡村振兴战略，正是以习近平同志为核心的党中央在深刻把握我国现实国情农情、深刻认识我国城乡关系变化特征和现代化建设规律的基础上，着眼于党和国家事业全局，着眼于实现"两个一百年"奋斗目标和补齐农业农村短板的问题导向，对"三农"工作作出的重大战略部署、提出的新的目标要求。乡村振兴可以有效促进农村产业升级，改善农民生活水平，推动城乡发展一体化，为实现中华民族伟大复兴提供坚实支撑。

（三）实施乡村振兴战略是实现全体人民共同富裕的必然要求

中国特色社会主义进入新时代，中国社会主要矛盾的历史性变化对中国将来的发展提出了新要求、新指引。在新的历史时期，必须坚持以人民为中心的发展思想，不断促进人的全面发展、全体人民共同富裕。但也不得不清醒地看到，当前，我国乡村仍然面临着发展滞后的严峻形势，乡村振兴战略正是就此问题提出来的。我国有5000多年的悠久历史，乡村是中华民族传统文明的发源地，在经济社会发展中一直占有重要地位，乡村的富庶是盛世的重要标志。乡村振兴战略强调坚持农业农村优先发展，是对乡村地位和作用的充分肯定，是实现中华民族伟大复兴的中国梦的历史使命。乡村振兴是全面建设社会主义现代化国家的必然要求。我国城镇化水平不高、农村人口总量庞大的现实国情决定了没有农业农村现代化，就不会有国家的现代化，也不可能实现全体人民共同富裕的社会主义本质目标。

二、乡村振兴战略的内在涵义与本质需求

乡村振兴涉及经济、政治、社会、生态和文化建设，其核心目的是系统构建乡村生产、生活、生态等多种发展要素的耦合格局，深刻理解实施乡村振兴战略的内在涵义和本质需求，有利于全域土地综合整治遵循乡村振兴战略需求导向，分类施策，高效推进。

"产业兴旺、生态宜居、乡风文明、治理有效、生活富裕"，既是乡村振兴的总体要求，同时也蕴含着乡村振兴战略的丰富内涵。乡村振兴发展包括五大振兴。其中，产业振兴是物质基础，人才振兴是基石，文化振兴是精神基础，生态振兴是重要支撑，组织振兴是保障条件。五大振兴相辅相成、相互联系，共同构成乡村振兴的具体体现和核心内容。

土地是乡村振兴的核心要素，乡村振兴的需求也被投影在土地上，其中产业兴旺以土地为基础，治理有效和乡风文明以土地为平台，生态宜居与生活富裕以土地为保障。全域国土综合整治以土地要素为核心，联动激活其他乡村发展要素，将新业态、新技术、新主体等要素有机融合，进行多要素协调，使土地整治由数量增长导向逐步向繁荣乡村经济、促进农民增收、保护生态环境等衍生功能转型，在优化资源配置、提升土地功能、改善利用条件目标基础上，更加强调城乡统筹、区域统筹、人地耦合、"三生"协同，这同乡村振兴"产业兴旺、生态

宜居、乡风文明、治理有效、生活富裕"目标具有更高契合度。

产业兴旺,一方面是农业兴,这是由农业的基础地位和乡村空间的主体功能所决定的。因此,大力实施藏粮于地,大规模建设高标准农田,稳定耕地数量,改良土壤,提高地力,促进农业规模化经营、集约化利用和特色化发展,提升粮食综合生产能力,保障粮食和主要农产品供给安全,推动农业由增产导向转向提质导向,应是全域土地综合整治的首要任务。另一方面是二、三产业旺,这是乡村振兴的活力所在。通过开展建设用地整治重构乡村产业用地空间格局与用地模式;土地整治与生态农业、旅游农业、文化农业等新型农业生产经营形态相结合,充分发挥乡村资源的丰富性、文化的独特性、绿水青山的生态性等优势,挖掘乡村多种功能和价值,大力发展休闲农业、乡村旅游和农村电商等新产业新业态新模式,必然要求全域土地综合整治通过对全域空间结构与布局的优化,从而推进农村的三产融合发展。

生态宜居是广大农民对美丽家园、高品质生活的本性追求。"宜居"与"生态"的有机统一是以"生态"为前提、具备便利完善的基础设施和公共服务设施的高品质空间为支撑的。而当前农村普遍存在的环境恶化、生态退化,居民点布局分散、空心化,公共基础设施和公共服务设施建设滞后的种种状况,与"生态宜居"尚有巨大差距。因此,统筹山水林田湖草系统治理,重构乡村空间的山清水秀,凸显乡村空间的"生态"性;大力开展村庄革新,补齐影响农民群众生活品质的水电路网等基础设施和公共服务设施,保护和传承乡村传统文化魅力,增强乡村空间的"宜居"性,将成为全域土地综合整治的重点任务。

乡风文明是乡村振兴的紧迫任务,满足农民的精神需求,让农民"既过上好日子,又活得有面子"。乡风文明是中国社会文明创建的基本要素,乡风不仅反映出农民对幸福生活的需要,也是创建法治社会和实现民族复兴的重要标准。全域国土综合整治通过整合资金投入,不仅包含推动乡村基础公共服务建设、乡村教育、医疗服务的发展,改善乡村基础公共服务,还包含传播先进文化,加强农村思想道德建设和公共文化建设,全力弘扬社会主义社会价值观,深入挖掘优秀传统农耕文化蕴含的思想观念、人文精神、道德规范,培育乡土文化人才,弘扬主旋律和社会正气,培育文明乡风、良好家风、淳朴民风,改善农民精神风貌,提高乡村社会文明程度,焕发乡村文明新气象。

治理有效是乡村振兴的重要保障。实现乡村治理能力和治理水平现代化,让农村既充满活力又和谐有序。治理有效的关键在于基层治理能力和水平的提升,在全域国土综合整治方面，应通过自下而上与自上而下相结合的整治方式，构建政务公平公开，农民积极参与土地整治的规划、实施和监管全过程的治理模式，增强农村基层组织的凝聚力和自治能力。深化村民自治实践，发展农民合作经济组织，建立健全党委领导、政府负责、社会协同、公众参与、法治保障的现代乡村社会治理体制，确保乡村社会充满活力、安定有序。

生活富裕是乡村振兴战略的根本，即彻底解决农民的温饱问题，向着全体人民共同富裕方向迈进。乡村振兴中的"生活富裕"与乡村的生活用地紧密相关。通过全域国土综合整治在改善农村交通物流设施条件、加强农村水利基础设施网络建设、拓宽转移就业渠道，以及加强农村社会保障体系建设等方面都开展了一系列措施；并着力加强与现代农业、体验农业、民宿经营和旅游观光等乡村多元业态的有机融合，把产业发展落脚到促进农民增收上来，促进乡村人口非农转移，为农民提供稳定的就业渠道和收入来源，提高乡村人口的生活水平，推动共同富裕。

第二节　乡村振兴背景下全域国土综合整治的新内涵

一、历史演进视角下的国土综合整治演变历程

土地综合整治是土地合理利用和永续利用不可或缺的重要手段和必然要求。在不同时代不同发展阶段，土地整治的目的、要求、重点和形式都有所不同。从历史演进视角来看，全域国土综合整治源于我国1986年开始的大规模土地整治活动，经历了从单一的土地整理到强调综合性的土地整治阶段，再到当前的全域土地综合整治阶段（图1-1）。

全域国土综合整治是在一定的区域内，以科学合理规划为前提，以乡镇为基本实施单元，运用"内涵综合、目标综合、手段综合、效益综合"的综合性整治手段，整体推进农用地整理、建设用地整理、乡村生态保护修复和乡村历史文化保护等，从而优化生产、生活、生态空间布局，促进耕地保护和土地节约集约利用，改善生态环境的国土综合整治活动。与过去二十年来的传统农村土地整治比较，全域土地综合整治的理念、导向、对象、目标、手段、模式等方面都在与时俱进。在生态文明建设与乡村振兴的新时代，全域国土综合整治具有全新的内涵。

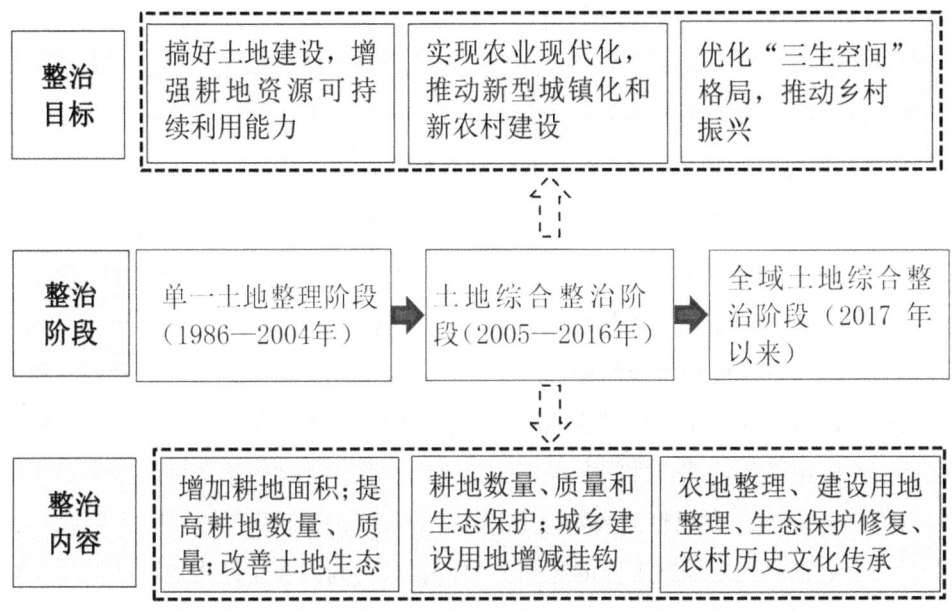

图1-1　历史演进视角下国土综合整治演变历程

二、全域国土综合整治的内涵不断拓展

（一）整治对象的全域性：从地块尺度扩展到乡镇单元、整个县域

我国规模性的土地整治起步于20世纪80年代后期，从最初将土地整治对象限定在农用地，旨在增加耕地数量，逐渐发展到耕地数量与质量并重的阶段。1986年，中共中央、国务院《关于加强土地管理、制止乱占耕地的通知》将保护耕地作为我国长期坚持的一项基本国策。1997年，中共中央、国务院《关于进一步加强土地管理切实保护耕地的通知》首次从政策层面提出"积极推进土地整理，搞好土地建设"，并且提出了对包括田、水、路、林、村在内的要素进行综合整治，以提高耕地质量，增加耕地面积。1999年1月1日起施行的《中华人民共和国土地管理法》首次在法律层面明确规定"国家鼓励土地整理"。此后，我国土地整治在全国范围内逐步推进。2003年在全国范围内编制的《全国土地开发整理规划（2001—2010）》明确了土地整理、土地复垦和土地开发三项土地整治内容，旨在增加耕地数量和提高耕地质量，改善土地生态环境，增强耕地资源可持续利用能力。我国土地整治在整治内容、目标、内涵等方面都得到了进一步扩展。

但总的来看，我们最初的土地整治主要基于地块尺度，注重耕地数量和保障国家粮食安全。而全域国土综合整治是以乡镇为基本实施单元，整治尺度小则包括几个行政村，大则涵盖整个县（市）。

（二）整治要素的全面性：从土地核心要素扩展到乡村发展全要素

1997年，中共中央、国务院《关于进一步加强土地管理切实保护耕地的通知》，明确要求"积极推进土地整理，搞好土地建设"。这一时期的土地整理主要以农用地为核心，重点对项目区内的田、水、路、林、村等要素进行综合整治，以提高耕地质量，增加耕地面积。后来，随着工业化、城镇化的快速发展，我国建设用地供需矛盾突出，乡村耕地碎片化、空间布局无序化、土地资源利用低效化、生态质量退化等综合性问题没有明显改观。我国土地整治范围开始由农用地向建设用地延伸，土地整治要素显著增加。如在2010年发布的《国土资源部关于开展土地整治规划编制工作的通知》中，要求明确城乡建设用地增减挂钩布局安排，以及改善农村人居和生态环境；在2016年中央一号文件中，明确指出"大力实施农村土地整治"，并强调推进耕地数量、质量、生态保护，完善耕地"占补平衡"制度，严格控制建设用地总量和强度等，以保持农业稳定发展、实现农业现代化、推动新型城镇化与新农村建设互促互进；在《全国土地整治规划（2016—2020年）》中，提出加快推进高标准农田建设、提升耕地数量质量保护、有序开展城乡建设用地增减挂钩、加大土地生态整治力度等作为规划的主要目标，生态要素被纳入整治范畴。

2019年自然资源部发布《关于开展全域土地综合整治试点工作的通知》，提出开展全域土地综合整治试点工作，要求以乡镇为基本实施单元，整体推进农用地、建设用地整理和乡村生态保护修复，优化"三生空间"格局，助推乡村全面振兴；2021年中央一号文件再次强调开展乡村全域土地综合整治试点，以加快县域内城乡融合发展。至此，土地综合整治的要素，从地块视角要素优化已上升至乡村全面振兴的生产要素、生态要素与社会要素多个维度，包括山、水、林、田、湖、草、路、村、厂、宅等诸多要素。

（三）整治内涵的综合性：从农地整理到"三大空间、多项内容"

自1986年我国大规模推行土地整治以来，在经济、社会和政治等多种因素的驱动下，中国农村土地整治的概念和内涵得到不断延伸。全域土地综合整治是由传统意义上的土地整治概念演变而来的，其概念的提出伴随着中国经济社会发展过程中土地供需矛盾、城乡二元结构现象严重、生态系统质量退化、农村政权弱化等特征和要求的变化。在转型期的中国，全域土地综合整治已然成为保障粮食安全、改善生态环境质量、促进乡村振兴的重要工具和抓手。

从全域土地综合整治涵盖的内容来看，涉及生产、生活和生态"三大空间"范围，包括"农用地整治、建设用地整治、乡村生态保护修复和历史文化保护"等多项内容。全域土地综合整治不仅将农村土地作为整治过程中的直接作用对象，还将人口、产业、设施和生态环境等作为间接对象，即对多空间、多要素进行综合性、系统性的整治。全域土地综合整治对城乡规划、生态规划等统筹协调落地具有重要作用，是推进乡村生产、生活和生态空间重构，实现城乡融合发展的重要途径。

（四）整治目标的多重性：从增产增地到全面实现"五大"目标

中国土地整治事业从单一补充耕地的初衷发展到农村土地整治的综合目标，是不断学习借鉴国际经验与不断探索总结国内工作的必然所归。从中国土地整治事业的发展来检视，土地整治也从服务于实现耕地总量动态平衡的补充耕地的单目标，逐步走向高标准农田建设、村庄整理、农村环境综合治理、农村全域土地整治的多目标，并向着新农村"五位一体"建设的大目标不断迈进。

从全域土地综合整治的目标与职能来看，它是通过整合多领域资源，不仅在增加农民收入、扩大居民消费和拉动国民经济方面有着显著的效果，还在建设生态农田、修复受损土地、改善人居环境、实现乡村振兴等方面具有重要的作用，将全方位推进乡村产业、生态、文化、政治、生活等方面建设作为重要目标。当今中国的土地整治事业定位，应该是实现乡村振兴战略的重要手段，是实现国家消除相对贫困庄严承诺的重要支撑，是建设农村生态文明的重要载体。

（五）整治过程的复杂性：从简单的工程措施到系统的路径体系

以上分析表明，全域国土综合整治的整治对象、整治要素、整治内涵与实现目标完全不同于历史的土地整理、土地综合整治与生态用地整治，它是一种全新的土地综合整治范式，过程简单的土地工程措施难以承载新时代的土地综合整治重任，需要在实践中因地制宜探索全域国土综合整治的模式、路径。

（六）整治功能的重要性：从增地增产的抓手到乡村振兴的重要平台

新时代的土地综合整治已从传统的农地整治迈向全域性的土地整治，其整治理论、整治目标、整治内涵与关键技术等正在升级换代（陈伟军，2018）。推进全域土地综合整治，既是加强生态保护、缓解土地资源供需矛盾、促进乡村振兴和城乡统筹发展的一项创新之举，也是构建"山水林田湖生态共同体"的重要一环（胡一婧，2020）。全域土地综合整治相对于传统土地整治的区别在于以"全域"视角实施土地整治。一是整治区域的全域性。强调在统一的地理环境的背景下，全区域统筹安排各类整治活动，实现全空间覆盖。二是整治对象的全要素性。即土地整治的对象不应禁锢于过去土地整治项目所涉及的耕地、建设用地等单个要素，应推进"田、水、路、林、山、村"等多要素的综合整治。三是整治效果的全面性。以"三生空间"为承载，实现生产上进一步严格保护耕地、提升耕地质量，生活上进一步优化空间形态、提升土地利用效率，生态上进一步破解城乡生态空间萎缩、污染问题突出与景观破碎化的问题（张锐，2018）。

在生态文明建设与乡村振兴的伟大实践过程中，全域土地综合整治已成为应对国土资源利用风险与实施乡村建设行动的重要内容。乡村振兴战略坚持农业农村优先发展，其总要求是"产业兴旺、生态宜居、乡风文明、治理有效、生活富裕"。在这一战略框架下，全域国土综合整治的重要性进一步凸显。首先，全域国土综合整治通过优化土地资源配置和提高土地利用效率，促进农业现代化和产业多样化，推动农业结构调整和新兴产业的发展，实现产业兴旺。其次，生态保护与修复是全域国土综合整治的重要组成部分，通过环境治理和绿色发展，提升农村生态环境质量，确保生态宜居。此外，全域国土综合整治改善了农村基础设施和公共服务条件，推动乡村文明进步和文化传承，促进乡风文明。在社会治理方面，全域国土综合整治提供了新的模式和方法，通过科学编制村庄规划和优化社区建设，提升村庄发展的科学性和前瞻性，实现治理有效。最后，全域国土综合整治通过改善生产条件和生活环境，增加农民收入，提升村民生活质量和幸福感，助力实现生活富裕。综上所述，全域国土综合整治功能的多样化和综合性，使其成为推动乡村振兴的重要平台。从增地增产的抓手到乡村振兴的全面推进，全域国土综合整治不仅优化了农业生产空间和环境，还促进了农村社会、经济、生态的协调发展，助力实现乡村振兴的总要求。

第三节 乡村振兴背景下全域国土综合整治的新机遇

党的十九大深刻把握我国现代化建设规律和城乡关系变化特征，顺应亿万农民对美好生活的向往，提出了实施乡村振兴战略。实施乡村振兴战略无疑将带来乡村地区社会经济、人地关系与空间格局的深刻变革。乡村兴则国家兴，乡村衰则国家衰。实施乡村振兴战略是新时代做好"三农"工作的总抓手，必然要求全域土地综合整治的响应、服务和支持。作为助推乡村振兴的重要手段，全域土地综合整治必须以新发展理念为指引，在承继土地整治优良传统的基础上转型发展，更好地服务和支撑乡村振兴战略实施。乡村振兴战略的推进也为我国新时代的全域国土综合整治工作提供了难得的机遇。

一、乡村振兴为全域国土综合整治提供了转型发展的平台

乡村振兴战略坚持农业农村优先发展，其总要求是"产业兴旺、生态宜居、乡风文明、治理有效、生活富裕"。产业兴旺离不开产业用地的配置，生态宜居和治理有效离不开生态用地的建设，乡风文明和生活富裕离不开农业用地的规划，这恰与全域土地综合整治中建设用地整理、乡村生态保护修复和农用地整理三方面一一对应；乡村振兴战略为农村土地整治转型发展提供了新的重大历史机遇，表明它从本质上可以驱动全域土地综合整治前进的步伐，为综合整治的顺利开展创造条件，提供发展的平台。

二、乡村振兴为全域国土综合整治提供了理论创新的空间

我国的土地整治已从20世纪初单一追求增加耕地数量发展到注重数量、质量以及生态保护，再发展到今日的城乡统筹发展的阶段。近年来，不少学者在乡村振兴背景下围绕土地整治的模式、土地综合整治与产业发展结合、土地综合整治和生态环境建设等主题，对我国国土综合整治进行了一些探索。但是，在乡村振兴背景下的全域国土综合整治是一种全新的范式，过去的理论、办法和整治模式已经不适合当前的形势，对全域国土综合整治的内涵、对象、目标等基础理论的认识仍需不断深化，为乡村振兴背景下的国土综合整治模式及其实现路径等理论问题带来了一定的探索空间。

三、乡村振兴为全域国土综合整治提供了制度集成的契机

乡村振兴战略为全域国土综合整治提供了制度集成的契机，通过政策引导、资源整合、机制创新等多方面的制度保障，推动了全域国土综合整治的系统性和综合性。首先，乡村振兴战略的实施为全域国土综合整治提供了明确的政策导向和支持，通过完善政策体系和加强政策协调与统筹，中央和地方政府在土地整治、农业发展、生态保护等方面形成合力，提高了政策执行的效率和效果。其次，乡村振兴战略为全域国土综合整治提供了整合多种资源的机会，通过财政拨款、专项资金和社会资本的引入，为全域国土综合整治提供了充足的资金保障。同时，引进现代农业技术和高素质人才，提升了土地整治的技术水平和管理能力。

此外，乡村振兴战略推动了全域国土综合整治机制的创新和完善，通过改革土地管理制度和探索多元化的合作模式，优化了土地资源配置，促进了土地的合理利用和有效管理。生态保护方面，乡村振兴战略的实施促进了生态保护制度的健全和落实，通过建立生态补偿机制和强化环保法规，确保了土地整治过程中的生态保护和环境治理。乡村振兴战略还推动了社会治理制度的创新，通过加强基层组织建设和建立社区参与机制，提升了村级组织在土地整治中的组织力和执行力，充分调动了村民参与土地整治的积极性和主动性。

四、乡村振兴为全域国土综合整治提供了管理升级的机遇

乡村振兴战略为全域国土综合整治提供了管理升级的机遇，通过优化管理体制、引入现代化技术、提升基层治理能力等方面的举措，推动全域国土综合整治在管理水平上的全面提升。乡村振兴战略促使政府和相关机构优化管理体制，通过建立跨部门协同机制和加强各级政府的联动，整合农业、生态、土地管理等多个部门的职能，提高管理效率和协调能力。其次，乡村振兴战略推动了现代化技术在全域国土综合整治中的应用，利用大数据、遥感技术、地理信息系统等现代信息技术，实现土地资源的精准监测与管理，并引入物联网、无人机、智能传感器等技术，提升土地利用效率和农业生产管理水平。

此外，乡村振兴战略通过加强基层治理，提升了基层组织在全域国土综合整治中的执行力和管理能力。具体措施包括加强农村基层党组织和村委会建设，增

强其在土地整治中的领导力和执行力，以及开展针对基层干部和农民的培训，增加其土地管理知识和提高技术水平。乡村振兴战略还推动了土地管理法治化进程，通过制定和完善土地整治相关的法律法规，明确各方权利义务，规范土地利用和管理行为，并建立健全执法监督机制，确保土地整治工作依法依规进行。同时，乡村振兴战略鼓励社会各界广泛参与和监督全域国土综合整治，提高了管理的透明度和公信力。通过开展公众参与活动，听取农民和社会各界的意见和建议，提升整治方案的科学性和可行性，并建立社会监督机制，引入第三方评估和监督，确保土地整治工作的公开、公正和透明。

综上所述，乡村振兴战略通过优化管理体制、引入现代化技术、提升基层治理能力、强化法治保障和促进社会参与，为全域国土综合整治提供了管理升级的机遇。这不仅提升了土地整治的效率和质量，也推动了农村管理体制的现代化和规范化，助力实现乡村振兴的总目标。

第四节　乡村振兴背景下全域国土综合整治的新使命

一、改善农业生产条件，提升粮食生产能力

按照"田成方、树成行、路相通、渠相连、旱能灌、涝能排"的标准，有计划分片推进中低产田改造工作，不断优化农田布局，有效引导耕地向集中连片方向发展，防止各类非农建设包围、切割永久基本农田保护区和永久基本农田储备区，实现耕地适度规模经营；采取多种途径提高耕地质量，建设田块平整、渠网配套、道路通畅的高产稳产良田。通过全域国土综合整治，使农田基础设施建设得到加强，农田水利设施得以完善，农业生产条件明显改善；将全域国土综合整治与农业产业现代化相结合，提升农业产业的综合生产能力，推动农业产业相关经营方式的转变。

二、服务产业转型升级，助推乡村产业兴旺

开展"田水路林村"等乡村国土空间的全域综合整治，提升农村自然资源经济价值，构建全面覆盖、科学规范、管理严格的自然资源总量管理和集约节约制度，逐步构建空间资源治理与结构优化的顶层设计，从而着力解决自然资源使用

浪费严重、利用效率不高等问题。通过合理的权属调整，实现土地集中管理，进一步释放自然资源利用潜力。促进生产集约化，顺应产业发展规律，促进多种产业结合，开发农业多种功能和乡村多元价值，推动农业从种养环节向农产品加工环节等二、三产业延伸，健全产业链、打造供应链、提升价值链，提高农业综合效益，实现农业产业现代化转型。

三、优化"三生空间"格局，打造生态宜居环境

以生产、生活、生态等"三生"互动机理与建设"三生"互动的生命共同体为导向，根据自然资源整体性、系统性及其内在规律，针对全省与各区域的发展战略、资源禀赋、经济发展水平等实际情况，开展不同类型和模式的全域国土综合整治。按照生命共同体理念，坚持节约优先、保护优先、自然恢复为主的方针，全面整治耕地、林地、草地、河流、湖泊、湿地等各项自然资源，实施重大生态保护修复工程，增强生态产品生产能力。解决水土流失、林草破坏、湿地破坏、湖泊减少、水体污染、生物多样性下降等自然资源领域突出问题，修复破损的国土空间，建成节约资源和保护环境的空间格局、产业结构、生产方式、生活方式，优化"三生空间"格局，创造良好生产生活生态环境。

四、激活乡村沉睡资产，助推乡村生活富裕

对农村散乱、低效用地进行整治，激活农村撂荒地、闲置宅基地和建设用地；完善出租、入股、合作等多种方式，鼓励社会资本利用农村闲置、低效用地发展乡村产业项目；以"空心村"整治和乡镇企业用地整治为重点，因地制宜制定建设方案，规范有序推进农村居民点布局优化，形成合理聚散度和合理布局体系的国土利用格局；撬动农村"山、林、地、房"等原本沉睡的资源，提高资源利用效率，让资源变资产，资金变股金，农民变股东，从"唤醒"乡村到"激活"乡村，最终发展到"赋能"乡村，缩小城乡发展差距，实现共同富裕。

五、保护传承地域文化，共同缔造美好家园

党提出的乡村振兴战略，强调乡村全面振兴。文化是民族之魂，而农村文化是农村社会的有机组成部分，只有通过农村文化振兴，才能释放乡村的活力与动力，解放农村文化生产力，提高我国农村文化竞争力。农村优秀文化博大精深，

其蕴含的生态理念、人文精神、道德规范等内容，与乡村振兴战略总目标的乡风文明有着紧密联系。用农村优秀文化凝聚广大农民，提升农民精神风貌，重拾乡村文化自信，是实现乡村振兴的重要内容。在全域国土综合整治过程中要加强特色村庄保护工作，保留特色农村的传统农耕文化和民俗文化，通过挖掘传承农村优秀地域文化来促进农村文化的繁荣与发展，推动乡村的全面振兴。

第五节　乡村振兴背景下全域国土综合整治的新要求

一、坚守"两条"底线，实现"四个"增加

全域国土综合整治必须坚守18亿亩耕地保护红线。耕地保护是关系我国经济和社会可持续发展的全局性战略问题。"十分珍惜、合理利用土地和切实保护耕地"是必须长期坚持的一项基本国策。全域国土综合整治是保护耕地红线的有效途径，能够有效解决耕地碎片化，提高耕地数量、质量和生态功能，落实耕地"占补平衡"，守住耕地保护红线；立足国内基本解决我国人民吃饭问题。把保障粮食等重要农产品供给安全作为头等大事，既保数量，又保多样、保质量，以国内稳产保供的确定性来应对外部环境的不确定性，牢牢守住18亿亩耕地红线不动摇。

全域国土综合整治必须坚守国家粮食安全和不发生规模性返贫底线。增加耕地面积、粮食产量和移民搬迁村民的人均收入，牢牢守住稳粮保供和不发生规模性返贫两条底线。深入实施"藏粮于地、藏粮于技"战略，扎实推进稳政策、稳面积、稳产量。通过全域国土综合整治开展高标准农田整治和农村土地整治，支持家庭农场、农民合作社发展粮食适度规模经营。采取有效措施，坚决遏制耕地"非农化"，防止"非粮化"，建立粮食生产功能区和重要农产品保护区，不断夯实粮食稳产高产根基，打造国家级粮食安全产业带，保障国家粮食安全。与此同时，也要因地制宜发展乡村特色产业，推动特色产业规模化和三产融合发展；统筹抓好脱贫户和监测户劳动力技能培训、转移就业，扩大小额贷款覆盖面，千方百计增加群众收入；加大对乡村振兴重点帮扶县和易地搬迁集中安置区的支持力度，推动脱贫地区帮扶政策落地见效。

通过全域土地综合整治，确保整治区域内耕地质量有提升、新增耕地面积不

少于原有耕地面积的5%。以"不动是常态，动是例外"的导向，涉及永久基本农田调整的，必须确保整治区域内新增永久基本农田面积不少于调整面积的5%。全域国土综合整治项目通过平整土地、清理弃土、兴修灌溉与排水设施，实施田间道路、生态防护林等工程，把中低产田改造成渠、沟、路、林、田、机电井相配套的高标准农田，使耕地数量增加，耕地质量得到改善。同时增加有效种植面积，确保粮食增产、项目区农民增产增收。严格落实耕地奖补政策，提高种粮积极性，保障农民种粮收益。加强农村基础设施与公共服务设施配套建设，提升粮食综合生产能力，为粮食丰收、土地增效打好基础，保障农村产业发展和农业生产、农民生活条件得到改善。确保土地增值收益返还农村，支持农村的卫生、教育等公共事业的发展，促进城乡一体化发展。全域国土整治坚持生态治理，专注环境保护，充分发挥农村基层党组织领导的核心作用，积极落实生态环境保护政策，全面加强基层党组织和基层政权建设，实现乡村治理与党建工作深度融合，进而建设好环境美丽、乡风淳朴的新农村，让广大村民有更多获得感和幸福感。

二、转变整治理念，升级整治内涵

（一）国土综合整治已从单个工程项目转变为乡村全面振兴的重要平台

新时代的全域国土综合整治不同于传统的土地整治，必须转变观念。全域国土综合整治的整治对象、整治要素、整治内涵与实现目标完全不同于过去。它是一种全新的土地综合整治范式，已发展成为实施乡村振兴战略的重要平台；是保护耕地红线的有效途径；是破解资源要素瓶颈的主要抓手；是实现城乡一体化的重要工具。过去简单的土地整治工程措施难以承载新时代的土地综合整治重任，需要在实践中因地制宜探索全域国土综合整治的模式、路径。

（二）国土综合整治对象已从局部地块的整治扩大到以乡（镇）为单元的全域

我国最初的土地整治主要基于地块尺度，注重耕地数量和保障国家粮食安全。而全域国土综合整治是以乡镇（或若干行政村）为基本实施单位，实行整村整乡全域推进、全要素全面整治。其以乡镇为基本实施单元，整治尺度小则包括几个行政村，大则涵盖整个县（市），其整治对象已经从局部地块发展到了乡镇全域，涉及范围更广、尺度更大。在选址上，要优先选择已经启动编制乡镇国土空间规划和村庄规划的地区，发挥规划的全局引领性，坚持"一张蓝图绘到底"；在空间上，要体现乡镇或村庄行政单元的完整性和连片性；在管理上，要把整治对象作为统一整体，防止因部门分割管理、顾此失彼，导致出现系统性问题。

（三）国土综合整治要素已从单个要素整治拓展到全要素整治

早期的土地整治和土地综合整治更侧重提高耕地面积、耕地质量和控制建设用地数量，而较少关注促进城乡融合发展、整合农村各类资源。近年来，在乡村振兴战略和城乡融合发展的新形势下，土地整治被赋予了更深层次的内涵和多元化的目标。在原有目标和职能的基础上，全域土地综合整治通过整合多领域资源，将全方位推进乡村产业、生态、文化、政治、生活等方面建设作为重要目标，土地综合整治的要素，从地块视角要素优化已上升至乡村全面振兴的生产要素、生态要素与社会要素多个维度，包括山、水、林、田、湖、草、路、村、厂、宅等诸多要素。

（四）国土综合整治机制已从国土部门主导发展到跨领域多部门协同

全域国土综合整治涵盖要素多，涉及自然资源、农业、水利、林业、交通等多个部门，需要各方合力，建立"政府主导、部门协同、上下联动、社会参与"的工作机制，充分调动各方主体积极性，统筹各类整治活动，聚合有关资金，形成政策合力，切实做好项目立项、组织实施、跟踪管理、资金统筹、竣工验收等工作。从适应市场经济发展要求上进行谋划，让市场在资源配置中起决定性作用，政府更好地发挥作用。要拓展社会之手，探索政府购买服务和促进行业联合的新机制。动员和组织全社会力量参与整治工作，从生存条件、生产条件、生活条件和生态条件角度，共建综合整治体系。

（五）国土综合整治技术已从项目工程技术升级到信息管理现代化

过去土地整治仅仅停留在工程技术上，不符合信息化时代的要求，如今的全域国土综合整治必须充分利用现代科学技术成果，强化科技管理和科学管理的理念，完善信息化监控和保障机制。通过构建管理信息平台对全域国土整治衍生的社会和生态环境问题，如土地弃耕、利用低效、土地退化、土壤侵蚀、水土流失等进行定量和动态监测，分析其变化机制和规律，为合理开展全域国土综合整治提供科学依据。建立省级全域国土综合整治监测监管平台，形成实时监测和指挥系统，确保项目规划高质量实施，形成规划、实施、验收、监管的全过程统一管理体系。

三、创新整治模式,明确实现路径

全域国土综合整治要重视不同区域现状与发展的差异性。我国地域辽阔,土地类型复杂多样,不同地区之间差异很大,全国不同土地类型和不同地区在整治内容上也会有很大的差异,各地必须实行统筹规划、分类推进,在追求粮食安全、产业效益、生态环境建设保护方面理性选择,创新整治模式。

比如,有的乡村距离城镇很近或者就在城镇规划范围之内,区域人口属于净流入趋势,未来的发展趋势要融入城镇,就要进行城乡融合发展。而有的乡村距离城镇很远,农业人口向非农产业和城镇大规模转移,区域人口属于净流出趋势,未来的发展趋势是少耕休耕、退耕还林还草或者纳入生态风景旅游区建设等。要以国家主体功能区规划为依据,推进多功能性建设和专业化发展,对不同地区进行分类,明确未来发展目标定位,实行"宜粮则粮、宜经则经、宜草则草、宜牧则牧、宜林则林、宜渔则渔、宜退则退、宜居则居"的发展规划。在粮食主产区和核心产区,要重点加强粮食综合生产能力建设,确保国家粮食安全,把中国人的饭碗牢牢端在自己手中。在重要农产品生产区和农业产业化发展区,要按照产业兴旺、生态宜居、乡风文明、治理有效、生活富裕的总要求,把地方特色农业做强做亮。在不适宜发展粮食生产和不适宜发展农业产业的区域,要有计划有步骤地退出农业商品化生产,加强生态环境建设保护,着力解决突出环境问题,保护性开发农业多能性,推进农业可持续发展,建设美丽乡村,把绿水青山建设成为金山银山,满足人民日益增长的美好生活环境需要。

第二章　全域国土综合整治助推乡村振兴的
理论逻辑

第一节　全域国土综合整治与乡村振兴的逻辑关系

一、全域国土综合整治目标契合乡村振兴战略总要求

实施乡村振兴战略是党的十九大作出的重要决策部署，报告指出以解决"三农"这一根本性问题为核心，优先发展农业农村的新阶段国家发展战略。战略要求按照"产业兴旺、生态宜居、乡风文明、治理有效、生活富裕"的总要求，建立健全城乡融合发展体制机制和政治体系，加快推进农业农村现代化。

乡村振兴战略的二十字方针囊括了其实现的五大目标，而全域土地综合整治目标与乡村振兴目标高度融合，具体表现如下。

一是通过农用地集中连片整治，优化其多功能布局，便于规模化和机械化经营耕种，促进农业现代化发展；二是通过建设用地整治，重构乡村产业用地空间格局与用地模式，盘活农村低效闲置建设用地，满足农村新产业新业态融合发展用地需求，促进产业兴旺；三是通过优化调整生态用地布局、农村人居环境整治、维护生物多样性等，强化生态功能，改善生态环境，做到生态宜居；四是通过对乡村山水脉络等自然风貌及乡村地域文化特色的保留和传承，留住"乡愁"，增加乡村文化价值和历史价值，推动乡村历史文化保护。

通过全域国土综合整治能够有效重构城乡用地布局，统筹城乡发展，保障粮食安全，集约利用资源，改善人居环境及助推农户增收，促进农业增产与乡村发展。可见，全域国土综合整治与乡村振兴的多重目标高度契合，乡村振兴战略提出的总要求为新时代的全域国土综合整治确定了新的整治方向，提出了新的整治目标。

二、国土综合整治中的土地利用变化与乡村发展状态交互耦合

土地利用是经济社会发展的一面镜子，乡村社会和经济的发展变化都会映射到土地利用上。在传统的乡土社会，"日出而作，日落而息"勾勒出乡村经济社会活动的主要画面，与"作"相对应的是耕地，与"息"相对应的是农村宅基地，它们成为早期乡村最主要的两种土地利用类型。在以农业经济为主的时期，乡村土地利用形态相对单一，经济增长的物质积累被人口自然增长所抵消，乡村沿着既有的轨迹缓慢发展。改革开放以后，随着包产到户和农村土地发展权利的松绑，乡镇企业"异军突起"，乡村工业化和乡村城镇化迅猛发展。部分乡村经济由农业经济为主转变为工业经济为主，实现乡村转型发展。与之相对应，乡村土地利用结构与空间形态也发生剧烈变化。20世纪90年代中后期，分税制改革、土地管理法修订，以及住房制度改革等进一步促进了园区工业化和城镇化，大量耕地转变为工业园区用地和城镇用地，土地利用的数量结构、空间形态、权属性质均发生明显转变。2003年国家开始实行土地"招拍挂"制度，地方政府开始以地生财和经营城市，城市建成区面积迅速扩张，土地城镇化速度明显加快，同时也引发了乡村土地利用的剧烈变化：一方面，大量耕地转化为城市建设用地，土地用途和权属发生转变；另一方面，2亿多的农村人口和劳动力流入城市务工，农村宅基地空置与废弃加剧，导致出现大量的"空心村"。

从乡村发展的不同阶段可以看出，土地利用与乡村发展之间存在着密切联系。土地利用变化表现为用途转换和集约度变化，其实质是土地资源在不同经济部门间的再配置。在宏观制度影响下，农户个体、组织群体、地方政府等行为主体对经济机会的响应是土地利用变化的深层驱动因素。乡村发展过程中，土地资源是最基本的要素，而经济转型发展则是基本驱动力。乡村从农业经济转型为工业经济、服务业经济或多元经济的过程中，土地功能及其作用方式也呈现为动态变化的过程。随着乡村经济转型，土地的经济价值会不断下降，而土地的空间承载功能和资产资本功能增强，最终将回归农业生产和生态景观功能而趋于稳态，这一趋势性过程也将映射到土地利用形态变化上。其间，当土地利用形态不能适应乡村发展需求时，即会呈现出各种土地利用问题，这就需要地方主体的合理干预来调整土地利用形态，使其重新适应发展需求。因此，在乡村发展进程中，针对特定阶段的土地利用问题，不同的土地利用主体通过经济、技术、制度等手段

实现土地资源再配置，导致土地利用形态变化；而土地利用变化又反过来作用于乡村发展。这种交互作用机制又将引起不同的经济社会效应和相关主体的再响应，在乡村发展中起到至关重要的作用。因此，在土地利用与乡村发展的交互耦合过程中，地方主体的合理干预和主动响应十分关键。

第二节　全域土地综合整治助推乡村振兴的内在机理

一、全域土地综合整治助推乡村振兴的作用机制

我国当前发展所面临的最大不平衡是城乡发展不平衡，最大不充分是农村发展不充分，推进乡村振兴战略，最艰巨的任务在农村。而土地作为农村最重要的生产要素，推动"三农"工作，实现乡村振兴必然离不开全域土地综合整治的参与和支持。与此同时，乡村振兴战略的实现是一个乡村实现动态发展的积累过程，乡村发展过程中的转型需求和阶段共同决定了全域土地综合整治的效果，源源不断地驱动土地全域综合整治的进程。因此，全域土地综合整治与乡村振兴之间有互馈互促的关系，其作用机制如图2-1所示。

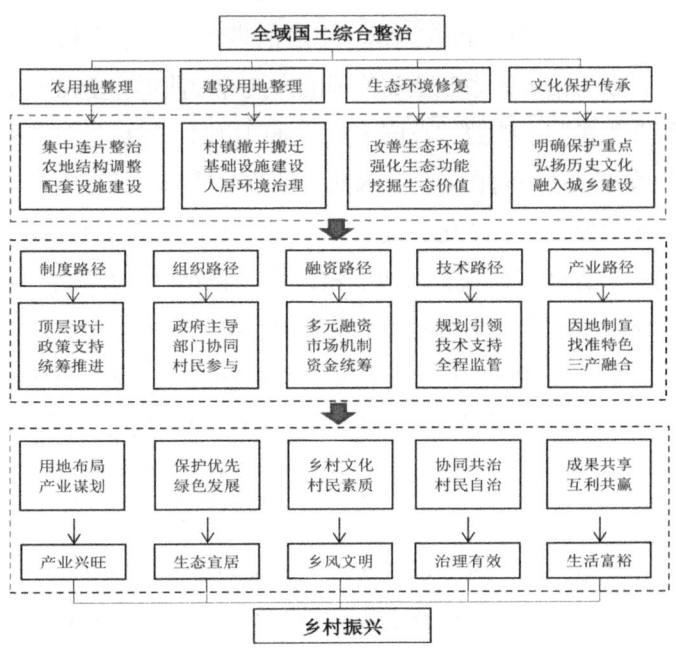

图2-1　全域国土综合整治助推乡村振兴的作用机制

全域国土综合整治助推乡村振兴的湖北探索

为助推乡村振兴战略的实施，新时代背景下的全域国土综合整治是对"田水路林村镇"实现全面的综合整治，是从单一的土地整治走向农用地整理、建设用地整理、生态环境修复、文化传承保护，即实现乡村的"资源—环境—生态—文化"四位一体的综合整治。在农用地整理方面，集中连片管理耕地，优化调整农地结构、完善配套农用设施，做到增地优地活地；在建设用地整理方面，科学推进村镇撤并搬迁、积极进行基础设施建设、加强乡村人居环境治理，做到生产、生活水平全面提升；在乡村生态环境修复方面，改善生态环境、强化生态功能、挖掘生态价值，实现乡村绿色宜居；在文化传承保护方面，明确保护重点、弘扬历史文化、融入城乡建设、彰显乡村文化特色；真正实现"制度—组织—融资—技术—产业"五大路径转型的综合整治。

自然资源部成立后，为落实自然资源管理的"两统一"职责，传统的土地整治转型发展为国土空间综合整治，以山水林田湖草系统治理为主要内容的国土空间综合整治成为直接影响农业、农村、农民的政策工具。全域国土综合整治要摒弃城市导向，始终以乡村振兴为根本导向，通过全域国土综合整治在产业兴旺、生态宜居、乡风文明、治理有效、生活富裕等方面，全方位推进乡村振兴。在全域国土综合整治过程中，进行顶层设计、提供政策支持、科学统筹推进，能有效破除各政策制度间缺乏相互联系、相互掣肘的现象，有序协调推动土地综合整治；乡村振兴以乡村治理体系健全和治理能力提升为前提。全域国土综合整治农民和自治组织全程参与，按照"政府主导、部门协同、村民参与"模式推进；市场化机制作为节约土地的内在动力，因此，促进全域国土综合整治、高效利用土地，必须加快土地要素的市场化配置。同时，建立以国家和地方投资为主，鼓励农户积极参与的多元融资模式，形成国家、集体和农户三方为主体的融资体系，并且做好资金统筹工作，优先将其用于全域国土综合整治工作，加快我国土地整治产业化建设步伐。因为政府和企业在农村土地整治中占据主导地位，要以土地综合整治推进乡村振兴，就要加大政府等主体对项目过程的监督。通过规划引领，在项目监管中，运用大数据、土地整治相关技术，实现信息资源共享和有效推进和开展整治工作。产业振兴是乡村振兴的关键一环，当前农村产业发展存在种植效益低、用地紧张等困难，所以实现乡村振兴要根据当地特色，因地制宜促进产业发展，推动三产融合，延长农业产业链和价值链，才能有效解决农村产业发展面临的难题。

在新型城乡关系建立的过程中，全域土地综合整治就是通过"制度—组织—融资—技术—产业"的路径实现人地关系再协调。通过制度的顶层设计、政策的有效支持来统筹推进"政府主导、部门协同、村民参与"模式，通过土地要素市场机制建立、技术下乡来有效促进三产融合，拓展乡村发展的潜力和空间。与此同时，在城乡联合的基础上，为城市资本找到更好的流向，促进城乡融合发展。

二、全域国土综合整治助推乡村振兴的逻辑路径

土地利用变化体现了人类（乡村）经济社会活动所导致的土地属性变化，这种变化时刻都在发生。土地资源具有面积有限性和位置固定性等基本属性，其在不同经济部门之间的再配置引起土地利用变化，同时也引发代表不同经济部门利益的土地利用类型在空间上发生冲突。当土地利用冲突持续积累，则会在时间上表现为土地利用形态的趋势性转变，包括显性形态转变和隐性形态转变。土地利用转型，通常与经济社会发展转型相对应。可以说，土地利用转型是土地利用变化演进到一定阶段的产物，是土地利用对经济社会转型的响应，也必将带来复杂的资源环境效应，影响（促进或制约）乡村地区持续发展。当乡村发展问题足够严重以至于引起社会普遍关注时，就需要通过一系列的制度政策、工程措施等手段来干预和调控土地利用转型的程度与速度。在乡村内生发展需求和外源驱动力的共同作用下，地方主体围绕土地利用问题，通过土地整治、空间规划、政策供给、机制创新等措施，优化调整乡村地区的生产、生活和生态空间，促进乡村空间重构，进而推动乡村经济社会结构的重新塑造甚至根本性变革，助推乡村转型发展。因此，从地方主体干预乡村发展的能动性角度看，乡村转型发展是地方参与者对快速工业化和城镇化所引起乡村发展变化做出响应与调整，进而导致乡村地区经济结构、社会形态和空间格局的重构，主要涉及村镇空间结构、产业发展模式、就业方式、消费结构、工农关系、城乡关系和城乡差别等方面的转变。乡村空间重构是乡村转型发展的过程和手段，而乡村转型发展是乡村空间重构的结果。乡村振兴面向的是2035年乃至2050年农业农村现代化的战略目标，要实现乡村产业、人才、文化、生态、组织的全面振兴。乡村振兴本质上是乡村发展问题，是乡村地区不断从当前发展阶段跃迁至更高级发展阶段的长期性、趋势性过程，这种跃迁过程即是转型发展过程。该过程中，宏观制度改革和地方主体的合理干预十分重要。

全域国土综合整治助推乡村振兴的逻辑路径为：经济社会转型诱发土地利用转型与乡村发展问题，地方参与者按照内生发展需求来制定合理的发展规划，通过土地整治、空间规划等措施促进乡村空间重构；再以土地要素为基础、产业培育为核心、政策供给为保障，有效整合城乡资本、人才、技术、信息等生产要素，促进乡村转型发展，助推乡村全面振兴。从乡村系统内部看，此逻辑路径中土地利用转型和乡村转型发展是两个关键环节，二者相互影响且存在耦合关系；而土地整治是地方参与者对乡村发展问题的一种能动响应，是实现乡村空间重构的有效手段，成为连接土地利用转型与乡村转型发展的关键纽带，强化了二者的耦合作用机制。

综上所述，聚焦乡村土地利用问题，地方参与者以土地综合整治为切入点和突破口，注重激活与整合乡村人口、土地、产业、政策等关键要素，形成"土地利用问题——农村土地综合整治——乡村空间重构——乡村转型发展——乡村振兴"的逻辑机制链，同时投入相应的资金、制度与政策，即可成为助推乡村振兴的有效技术路径。

第三节　全域国土综合整治与全方位夯实粮食安全根基的逻辑关系

全域国土综合整治与全方位夯实粮食安全根基之间存在密切的逻辑关系。通过构建涵盖各种要素和过程的粮食安全根基体系，有助于保障粮食生产的数量、质量和结构，而全域国土综合整治则为构建这样一个全面系统提供了必要的支持。

一、全域国土综合整治与粮食生产安全

粮食增产作为粮食安全的基石，确保了供给的稳定性。稳定的粮食产量不易受外部因素干扰，避免了食品供应出现大幅波动的情况（罗海平、桂俊练、张显未，2023）。经济层面上，充足的粮食有助于维持物价稳定，避免通货膨胀的发生。另外，增加产量也减少了对粮食进口的依赖，有助于国家自给自足，减轻了外部因素对国内食品供应的影响。

全域国土综合整治对粮食增产有着多方面的贡献，主要体现在以下几个方面。

（一）耕地资源基础

全域国土综合整治通过科学的土地规划和高效的利用，致力于显著提升粮食产量，确保耕地资源的最大化利用，从而为粮食种植创造更为有利的土地条件（郝帅、王国刚、杨艳涛等，2023）。其中，通过土地资源整合，减少资源浪费，实现了土地资源的高效利用，提高了农田的利用效率，为粮食种植提供了重要的土地基础。全域国土综合整治设定不同区域的土地利用规划，明确了各地区的用地性质和用途分布，从而促进了粮食种植区域的优化布局和精细管理。同时，针对不断变化的农业生产需求，对土地用途进行调整，确保农田的高效利用，为粮食增产提供了有力支持（李寒冰、金晓斌、韩博等，2022）。此外，制定农田集约化规划，优化土地资源的利用效率，确保了农业生产的高效，为增加粮食产量提供了重要保障。这项综合整治还采取生态环境保护规划，保障生态环境的稳定并与农业生产协调一致，为粮食增产提供了可持续的土地支持。这些综合措施共同促进了土地资源的合理利用和优化，为粮食增产提供了重要支持，并显著激发了土地的产出潜力，为粮食增产奠定了坚实的土地资源基础。

（二）农业基础设施

一方面，全域国土综合整治通过改善农业基础设施，直接提高了粮食产量。该项目着眼于提升农业基础设施效率，以促进粮食增产为目标（金晓斌、罗秀丽、周寅康，2022）。其中，重点在于采用现代化、高效的灌溉技术，更新、维护和修复水利设施，以确保水资源的合理利用，有效提高土地的水分利用效率，直接促进粮食增产（沈振、高阳、刘悦忻等，2022）。另外，项目强调了农业基础设施的保护和维护，以确保长期有效使用，从而为粮食增产提供了可靠的基础支持。另一方面，全域国土综合整治利用先进技术、新型农业机械和现代管理方法，积极推进粮食产量的提升。通过采用先进农业科学技术，例如利用遥感、信息技术和现代生物技术，能更精准地了解土地状况，最大程度提高作物产量，直接助力粮食增产。通过引入新型农业机械设备，如采用高效的播种机械、喷洒设备及现代的收割机械，有效提高农业生产效率，降低劳动力成本，推动粮食增产。这些农业基础设施的改进措施在各个层面有力地支持了全域国土综合整治项目，提升了粮食的总体产量和质量，构建了完善的粮食增产支持体系。

（三）农业产业导入

全域国土综合整治在产业导入方面对促进粮食增产作出了多方面的贡献（胡动刚、蒙萌、胡思颖等，2021；赵庆磊、姜广辉、熊婵等，2021）。首先，整治项目通过多元化农业产业结构的优化，鼓励合理调整种植结构，以提高农产品的附加值，进而增加粮食生产的经济效益。这种结构的优化促进了现代化技术和科技创新在农业生产中的应用，提高了农业生产的科技含量和效率，直接增加了粮食的产量。此举使农业生产更高效、更科学，从而有助于粮食增产。整治项目还着眼于一二三产业融合发展，将农业与二、三产业紧密结合。这种综合发展模式促进了产业链的价值提升，使农业从种养环节延伸至农产品加工和流通领域。另外，全域国土综合整治强调特色产业的培育和龙头企业的引领，这种特色产业的培育有助于打造优势特色农业产业集群，引领地方特色产业的发展，从而增加了粮食产量。综合来看，全域国土综合整治通过优化农业产业结构、产业融合发展、特色产业培育以及现代化示范区域的建设，为农业产业的现代化和高效化提供了重要支持。这些措施直接或间接地促进了粮食的增产，打造了现代高效的农业产业体系，从而提高了粮食总体产量。

（四）生态修复与环境保护

全域国土综合整治通过生态修复与环境保护对粮食增产作出了多方面的贡献。首先，在土地质量改善与保护方面，项目采取了积极的水土保持措施和其他生态修复措施。通过梯田建设、防风林种植和草原保护等举措，保持了土地的肥力和质量。其次，整治项目着重于发展稳定的生态环境。通过制定生态保护区和环境保护措施，项目确保了生态环境与农业生产之间的和谐共存，为粮食产量的增加提供了稳固的基础。最后，全域国土综合整治通过资源的高效利用，直接提高了农田的利用效率，为粮食种植提供了重要的土地基础。综合来看，全域国土综合整治通过生态修复与环境保护，不仅提高了土地的肥力和质量，保护了生态环境的稳定发展，也优化了资源的利用效率。这些方面共同为粮食增产提供了重要支持，并推动了农业生产的现代化和可持续发展（陈坤秋、龙花楼，2020）。

二、全域国土综合整治与粮食质量安全

粮食提质是夯实粮食安全根基的重要环节。优质粮食可以满足人体全面的营

养需求，有助于维持身体健康和预防疾病。一方面，提升粮食品质不仅有助于提高农产品的市场竞争力和市场认可度，也为农民创造更多收益，促进农业产业的可持续发展。另一方面，高质量粮食更具抗逆能力，能够应对自然灾害、疾病等风险，同时有更长的保存期限和更少的浪费，为应对不确定性提供更大的保障。

全域国土综合整治在提升粮食品质方面涉及多个层面，呈现了多方面的影响。

（一）改善土地条件

全域国土综合整治以改善土地条件为核心，采用多方面措施提升粮食质量（孙瑞、金晓斌，2020）。首先，采取生态保护措施，例如水土保持、梯田建设和草原保护以改善土地生态环境、减少水土流失、保护土壤及植被，直接增强土地肥力。其次，通过资源整合和土地规划优化，减少土地破碎化和资源浪费，提高土地有效利用率，从而增强土地的产出潜力，促进农作物品质的提升。采用科学耕作和合理土地管理措施，如科学施肥、灌溉及轮作等，提高土地肥力和水分利用效率，直接影响作物生长与品质（赵鸿雁、陈英、裴婷婷等，2020）。最后，全域国土综合整治强调整合各项涉农资金，充分利用国土综合整治项目平台，使各项资金形成整合应用，完善农村基础设施，提高整体耕地质量。

（二）优化农业结构

全域国土综合整治致力于调整农业结构，这项重要举措包括合理调整作物种植结构，以培育更适应当地气候和土壤条件的作物品种，从而促进粮食品质的提高和保障农产品多样性（陈洁梅、林曾，2023；武文豪、杨琰瑛、马田田等，2023）。在这个方向下，全域国土综合整治项目执行了多项具体措施。其首要举措在于指导农民调整作物种植结构，选择更适合的作物种类，进而提高粮食的品质和产量。然后是鼓励采用现代化农业技术和科技创新，运用更先进的种植技术和管理方法，以改善作物生长环境、减少病虫害，从而直接提升粮食的质量。另外，重视乡村特色产业的发展，通过培育和发展乡村特色产业集群，推动农产品加工和产地直供，推动了农业生产集约化，从单一的种植向农产品加工流通等二、三产业拓展，不仅提升了农产品的价值，也保障了产品的品质和可持续性。

（三）资源高效安全利用

全域国土综合整治项目致力于通过资源的高效与安全利用，实施多项关键措施以提升粮食质量。在土地资源管理方面，采用科学的土地规划和资源整合，有助于提高土地肥力和生产力。通过生态环境保护措施，如水土保持和植被保护，改善土地生态环境，间接提高了粮食产量和品质。在水资源管理方面，引入先进的灌溉技术和管理手段，既减少了水资源的浪费，也确保了作物生长所需的水分。在肥料资源管理方面，进行科学施肥和轮作，并运用先进的耕作技术和智能农业系统，提高生产效率，增强作物对病虫害的抵抗力，保持土地肥力的同时也提高了生产力，有利于提高粮食产量。这些举措共同促进了资源的高效与安全利用，为提升粮食质量提供了坚实基础。

（四）生态环境优化

全域国土综合整治项目通过生态环境的优化实现了提升粮食质量的目标。生态优化对粮食质量安全至关重要，且优势明显。例如梯田建设、水土保持措施，以及对森林和草原的保护，有助于减少水土流失，保护土壤和植被，提高土地的肥力，进而减少化学污染和病虫害对作物的侵害，直接提升了粮食的品质和安全性，也有益于维持生态平衡。此外，通过建立农田防护林、湿地恢复和水源涵养区等措施，全域国土综合整治创造了更为健康的生态环境，这为农作物的生长创造了更为理想的生态条件，进而提升了粮食的品质和土地可持续生产的能力。

三、全域国土综合整治与粮食结构安全

粮食结构安全是确保粮食安全的重要保障，其重要性体现在多个方面（黄玉莉、陈耀政、叶宗达等，2023）。一是多元的粮食来源意味着不仅稳定了粮食供应，避免因某一来源问题而导致的粮食危机。二是多样化的粮食来源保障了人们获得不同类型的食物（谷物、蔬菜、水果等），从而为人们提供了丰富的营养，有利于人体健康。三是粮食多样性也有助于应对气候变化、自然灾害或其他挑战和风险。

全域国土综合整治在保障粮食结构安全上主要涉及以下几个层面。

（一）种植结构调整

全域国土综合整治在保障粮食结构安全方面，通过调整种植结构发挥了关键作用。首先，该整治通过科学规划和合理利用土地资源，鼓励不同地区根据气候和土壤条件的多样性，种植多种作物，如粮食作物和经济作物。其次，这项整治

涉及不同地区的作物类型和比例的调整，多元化种植结构有利于降低单一因素对粮食产量和供应的不利影响，以实现更多元化和均衡的粮食生产，保障了粮食结构的稳定性。最后，政策层面也支持种植结构的多样性，通过激励政策和资金支持，鼓励农民参与多样化种植，提升粮食生产的多样性和适应性，为确保粮食结构安全提供了牢固基础（黄雪飞、吴次芳、廖蓉，2028）。

（二）农业产业链拓展

全域国土综合整治通过农产品多元加工和农业产业链的拓展为确保粮食结构的安全作出了显著贡献。整治的核心在于通过多元化的农业产品加工和扩展农业产业链，着重提升了粮食的附加值（武舜臣、王兴华，2023）。这样的发展策略增加了农产品的附加值，提升了粮食产品的多样性和品质，更好地适应了多元化的消费者需求，为粮食结构的安全保障提供了坚实基础。在拓展农业产业链方面，全域国土综合整治不仅提高了农产品的附加值，还创造了更多的就业机会。从生产到销售，整治措施鼓励农业的多元化发展，例如农业旅游、休闲农业和农产品直销等各种方式。这些举措促进了农业产业链的多元化，为农民提供了更多的就业机会，推动了乡村经济的多元发展。这样的发展不仅促进了农产品价值的提升，也为粮食结构的安全奠定了坚实基础。

（三）生态种植导向

全域国土综合整治通过生态种植导向对粮食结构安全作出了积极贡献。全域国土综合整治所倡导的生态种植导向不仅关注粮食的生长和产量，更着眼于粮食产品的品质、安全性以及对环境的友好影响。这一方法强调根据当地生态环境特点进行种植规划，以生态优先的理念指导农作物的种植。通过生态修复和保护措施，提倡可持续耕作方式，有助于推动不同作物之间的轮作、间作，增强土地的多功能性和农作物的生态多样性，提高了农业系统的稳定性和可持续性，从而为粮食结构的安全提供了重要支持。此外，生态种植导向也推动了农产品的多样化加工。通过引导农产品的多样化加工，推广生态为导向的产品种类，提高了产品的附加值，改善了粮食结构和粮食品质。

四、全域国土综合整治与粮食市场安全

粮食市场安全在保障粮食安全方面扮演着至关重要的角色。首先，它确保了

充足的粮食供应和稳定的市场流通，避免了供需波动引发的紧张局势。其次，市场安全有助于维持粮食价格的稳定性，防止价格波动对消费者食品支出产生剧烈影响。再次，信息透明度和有序的市场运作为消费者和生产者提供了合理的市场信息，有利于他们做出理性决策。最后，安全的粮食市场有助于食品生产和销售的监管，避免次品或劣质食品流入市场，保障食品安全。

全域国土综合整治在保障粮食市场安全方面的作用主要体现在以下几个方面。

（一）供应保障和产销平衡

粮食供应保障是全域国土综合整治的一个核心目标。通过提高土地利用效率、促进现代化农业发展和强化生态环境保护，有效增加了粮食产量，确保了市场上的粮食供应充足，这有助于应对可能出现的需求波动，减少供需不平衡所带来的市场紧张情况，保持市场的稳定（赵庆磊、姜广辉、熊婵等，2021）。全域国土综合整治也强调产销平衡，鼓励农业生产多元化，改善种植结构，减少对特定作物的过度依赖。同时，通过优化物流、交通和农产品贮存，提高农产品供应链的质量和效率，能够保持产销衔接的顺畅，减少了粮食在运输、贮存等环节的损耗，提高了市场供应的稳定性。总体而言，全域国土综合整治的供应保障和产销平衡策略相互配合，确保了粮食市场安全。

（二）稳定市场价格

全域国土综合整治在维护粮食市场安全方面通过稳定市场价格发挥了重要作用。该整治采取多项措施，如供应保障、产销平衡和市场监管等，通过合理的市场干预和管理，对市场价格进行监控和调控，进而维持粮食的价格相对稳定。这种稳定性对消费者和生产者来说都是至关重要的。消费者能够更加稳定地预估粮食价格，从而更好地规划个人或家庭开支；对于生产者而言，稳定的价格意味着更可靠的收入预期，有助于提升农民收入的稳定性和可持续性。此外，稳定的市场价格有助于维持粮食市场的整体稳定，有利于保持经济的健康发展。

（三）产品质量安全

首先，制定严格的质量标准和生产规范，确保生产环节的质量与安全标准得到严格遵守，提高了粮食产品的合规性。其次，实施全面的检测与监控措施，包括对农药残留、重金属、农产品添加剂等有害物质的监测。最后，鼓励绿色生产和可持续发展理念，倡导有机种植和环保生产，例如通过减少化学农药和化肥的使用，从源头上保障了粮食的质量和安全。这些举措不仅维护了农产品市场的稳定和安全，也为粮食市场的健康发展打下了坚实基础。

综上所述，全域国土综合整治在保障粮食生产的数量、质量、结构和市场安全方面发挥着至关重要的作用。通过对耕地资源基础、农业基础设施、粮食质量、结构调整，以及市场安全等多个层面的综合整治和优化，构建了一个多维度的粮食安全根基体系。这一体系不仅保障了粮食供给的稳定性和充足性，同时也提升了粮食的质量、结构和市场安全，为确保国家粮食安全提供了坚实的基础和全面的保障。在未来，持续深化全域国土综合整治工作，不断完善和提升粮食安全根基，将是确保粮食安全及农业可持续发展的长远之计。

第三章　全域国土综合整治中的耕地"进出"变化与平衡路径

　　土地利用及其变化既是国土综合整治的出发点，也是国土综合整治的最终归宿。耕地资源作为乡村发展的核心要素，在国土综合整治中的变化尤其显著。因此，有必要关注全域国土综合整治中的耕地变化，确保耕地的"进出平衡"。本章在厘清国土综合整治与耕地"进出"变化逻辑关系的基础上，将从理论上揭示全域国土综合整治中的耕地变化特征及其作用机制；在明晰耕地"进出"变化影响重要性的基础上，剖析影响耕地"进出平衡"的障碍因子，提出应对耕地"进出平衡"的办法。

第一节　全域国土综合整治与耕地"进出"变化的逻辑关系

一、乡村耕地利用问题是全域国土综合整治的触发器

　　在高速工业化和城市化进程中，我国农村地区出现了较为严重的农地边际化与乡村空心化现象（李秀彬、赵宇鸾，2011）。影响乡村地区发展的因素很多，但是，这些因素最终作用于土地之上。受耕地破碎化与耕作条件限制等因素的影响，农村土地长期处于低效利用的状态。在广大丘陵山区，甚至出现严重的弃耕撂荒问题，粮食增产、农户增收与乡村发展受到严重影响（龙花楼，2015）。耕地的破碎化与低效的小农利用模式等，成为我国粮食增产、农户增收与农村富裕的较大障碍（周远波，2020）。在实现走向共同富裕百年目标的过程中，农村地区的土地资源要素必须重组，传统的土地利用方式必须创新，乡村地区的"三生"用地格局必须优化（许恒周，2021）。而全域国土综合整治正是解决乡村耕地破碎化、农地低效利用、"三生"用地格局混乱等问题的关键抓手。正是乡村

地区这些迫切需要解决的内在问题，从源头上诱发了乡村的国土综合整治，可以说，乡村地区土地利用问题是我国全域国土综合整治的触发器。

二、全域国土综合整治是乡村耕地"进出"变化的驱动力

全域国土综合整治是一种运用"内涵综合、目标综合、手段综合、效益综合"的综合性整治手段，整体推进农用地整理、建设用地整理、乡村生态保护修复和乡村历史文化保护等，从而优化生产、生活、生态空间布局，促进耕地保护和土地节约集约利用，改善生态环境的国土综合整治活动。其整治对象作用于乡村的土地之上，其整治效果也通过乡村的土地利用变化来显现。全域国土综合整治是乡村耕地进出变化的直接驱动力，其相互作用机制如图3-1所示。

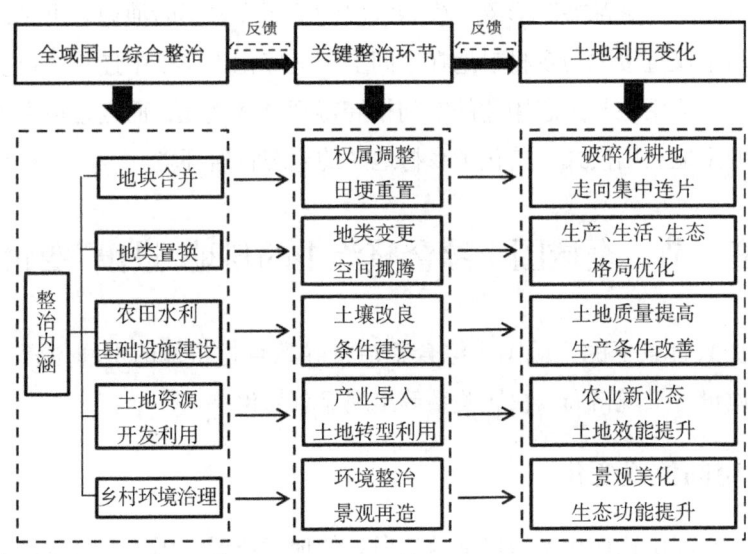

图3-1　全域国土综合整治驱动耕地进出变化的作用机制

全域国土综合整治涉及"地块合并、地类置换，农田水利基础设施建设、土地资源开发利用、乡村环境治理"等要素。这些要素经过"田埂重置、空间挪腾、条件建设、土地转型利用、景观再造"等整治之后，整治区内的耕地进出、"三生"用地格局与土地利用方式等均会出现显著变化。如，破碎化的耕地在地块合并时，先在土地确权的基础上，调整耕地的权属关系，再通过拆旧建新的方式重置整治后的田埂，并配套相应的农田水利设施，整治后的耕地景观就从"零散破碎"变成了"集中连片"，传统的小农用地模式也升级为规模化集约化经营

的现代农业。又如，在耕地的"集中连片"过程中，涉及耕地的"进出"变化，一部分耕地可能因为林地或者草地的"占补平衡"需要，土地利用类型从耕地变更为林地或者草地，这是耕地的"出"；反过来，一部分林地或者草地在土壤改良与农业水利设施建设之后变更为新的耕地，这是耕地的"进"。通过这种耕地"进出"整治，不仅解决了耕地破碎化的问题，而且让农村地区的生产用地、生态用地与生活用地的空间格局得到了极大优化。再如，全域国土综合整治中的土地资源开发与利用，涉及传统农地利用模式的转型升级，通过产业导入等方式创新农村发展新业态，做大做强农村现代农业。经过这种整治之后，农村地区的机械化水平、土地利用的效率与效能均会显著提升，乡村的生态环境问题也得到相应整治。通过"垃圾回收、污水治理、厕所革命、库塘清淤"等整治项目，乡村地区一改过去的"脏乱差"形象，生态宜居的美丽乡村不断涌现。可见，全域国土综合整治不仅直接驱动乡村耕地在空间上从破碎化走向集中连片，也使乡村的生产用地、生活用地与生态用地的空间格局得到显著优化，而且还极大地改变了乡村地区的土地利用模式，美化了乡村地区的生态宜居环境。

第二节　全域国土综合整治中的耕地"进出"变化

乡村振兴背景下的全域国土综合整治将导致乡村耕地的空间位置、土地用途、耕地质量、景观格局、权属关系等出现显著变化。

一、空间位置变化

耕地的空间位置变化是指耕地地块所处的地理位置在国土综合整治之后出现了显著的空间变化。在项目整治前，项目区内的耕地分布零散、地块破碎，耕地与林地、草地、水体湿地等生态用地交叉分布。一些规模较小的地块，因地形地貌等自然因子的约束，农业生产条件较差，在农地边际化过程中长期处于粗放经营低效利用的状态，有的甚至出现弃耕地撂荒的现象。在撂荒多年之后，有的耕地已演化成林（草）景观。在全域国土综合整治过程中，这些破碎化的耕地将被整治成集中连片的大块耕地。在地块合并、集中连片的过程中，连片区内的林地、草地、湿地与宅基地等非耕地，将整治复垦成新的耕地；在"占补平衡"的原则下，连片区外的耕地将还原成林地、草地、湿地等非农用地类型。通过这种地类置换，破碎化的耕地在空间挪腾后集中连片分布，为耕地的规模化与集约化经营与现代农业的发展奠定了资源基础。

二、土地用途转换

土地用途转换是指在全域国土综合整治中，耕地与林地、草地、园地、水体湿地、建设用地等用地类型之间的转型变化（图3-2）。

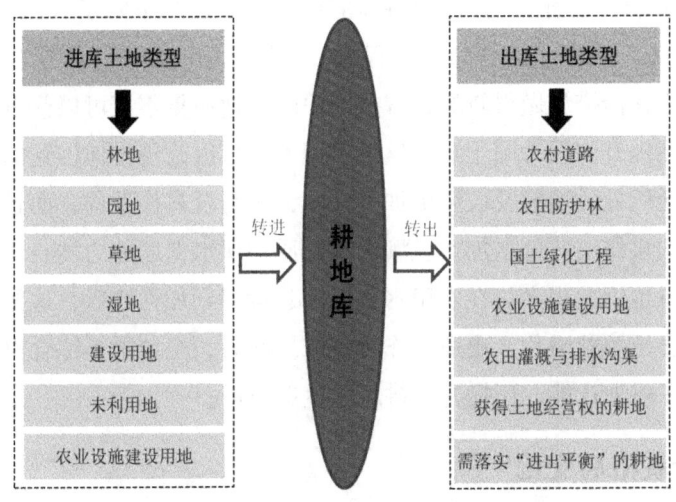

图3-2　耕地"进出"变化中的土地利用类型转换情形

在进行全域国土综合整治之前，乡村的农地、林地等土地用途因严格的"用途管制"制度保护，农地与非农地之间的用途转换不易发生，土地利用类型较为稳定。但是，在全域国土综合整治过程中的因地块合并与集中连片，需要对原来的用地格局进行相应调整。此时，集中连片区外的破碎化耕地，因林、草等生态用地需要"占补平衡"而置换为林地、草地或者水体湿地等土地利用类型，这是耕地的"出"；而集中连片区内的林地、草地、水体湿地等非农用地，则需要对等整治成耕地，这是耕地的"进"。耕地通过这种"进"与"出"的变化，不仅实现了耕地在空间上的集中连片，为乡村的产业升级与现代农业发展创造条件，而且也会导致置换地块的土地质量与区域的生产用地、生活用地与生态用地的空间格局出现变化。

三、耕地质量变化

耕地的质量变化是指耕地地块的土地质量在整治过程中出现的变化。耕地地块的空间挪腾与不同地用类型之间的转换调整，都会导致耕地的质量出现变化。一般来说，"出"的耕地往往经过多年耕作，土地质量较好，等级较高；而"进"的耕地多数是质量较差、等级较低的土地，如林地、园地、草地等土地类型的地块，在整治过程中因"占补平衡"而复垦为耕地时，其土壤组成、土壤结构和土壤肥力等因子与被置换的成熟耕地相比差距较大。这些土地如果在土壤结构修复、耕作层再造等方面修复不到位，置换后的质量将出现显著下降，此时，虽出现耕地数量上的"占补平衡"，但耕地的质量与产能却下降了（王军、钟莉娜，2016）。反过来，在国土综合整治过程中，如果土壤改良、耕作层复原、农地水利设施再造等整治措施做得较好，置换地块的土地质量不仅可以修复，甚至土地等级还能得到提升。因为国土综合整治工程不仅可以改善耕地位置的平整度，使项目区内耕地所处的地形及坡度更加合理化，更符合耕作条件，而且在整治过程中部分地块的耕作层厚度增加，土壤的有机质与保水保肥能力均有明显改善，耕地的土地质量也因此提高。在农田水利设施建设得到加强之后，这些整治后的耕地能有效防止土壤盐碱化，更适合作物生长。此时，全域国土综合整治工程的推进不仅提高了耕地产能，还提升了耕地的生态质量。

四、景观格局变化

耕地的景观格局变化是指耕地地块的大小、形状及其空间连通关系等方面出现的变化，乡村的"田、水、路、林、村"等空间格局得到优化。在实施全域国土综合整治项目之前，乡村耕地尤其是丘陵山区的耕地，在地形地貌等自然条件的约束下，分布较分散、形状不规则，加上土地承包过程中的"同质土地均匀分配"办法的实施，地块较大的耕地也被人为分割成较小的地块，耕地的破碎化程度进一步加剧。在这种情况下，耕地的耕种条件较差，农业机械化水平难以提高，从而导致这类乡村耕地长期处于低效利用状态。而全域国土综合整治就是要解决耕地的破碎化与低效利用等问题，通过耕作的集中连片发展现代农业，助推乡村产业振兴。在实施全域国土综合整治之后，原本分散的田间道路、农业设施、田埂、园地、林地、草地等被新增复垦为耕地，被分割破碎的耕地得以重新聚拢。耕地也因空间位置挪腾与土地利用类型置换等措施，田块集中连片性增强，零散农田斑块连成大斑块，耕地的破碎程度降低，耕地斑块形状更趋于规则。此时，乡村地区的生产空间、生活空间与生态空间格局也因此得到优化。

五、权属关系变化

土地权属关系变化是指全域国土综合整治过程中地块的产权属性方面的变化。在土地整治项目实施之前，耕地地块间的田埂界线分明，土地的所有权、使用权与经营权等产权属性清晰。在全域国土综合整治过程中，因耕地的地块合并、空间位置挪腾与土地利用类型置换等原因，农户原来看得见、摸得着的地块"隐形"了。在这种情况下，农地的所有者（村集体）、使用者（农户家庭）与经营者（农业企业、合作社＋农户等）之间的产权关系需要界定清楚，否则，农户的土地权益就得不到保障。从土地权属关系视角来看，在耕地的"进出"过程中，耕地的所有权是稳定的，仍属于村集体所有；耕地的承包经营权主体是村集体农户，农户的土地使用权也没有变化，但承包地块的空间界线变得模糊起来，许多农户对这种空间界线的模糊变化心里没底，感觉"出"的是实实在在的"地块"，而"进"的是土地经营权出租后的土地收益。耕地的实际经营权因土地流转、土地入股等原因变得复杂起来，现代农业企业、股份制公司、合作社与家庭农场等都可以是土地经营者。对这些土地经营者来说，"进"的是土地的实际经营权，"出"的是租地的成本。耕地"进出"中的权属关系变化涉及村集体与广大农户的切身利益，在全域国土综合整治过程中，国家应明确耕地"进出"变化中的土地权属关系调整办法，一方面要让农地真正流转起来，另一方面也需要出台措施来保障村集体、农户与土地经营者的合法权益。

第三节　全域国土综合整治中耕地变化的政策应对

一、国土综合整治中的耕地变化关联国家"两条"底线安全

2022年1月，中央发布《关于做好2022年全面推进乡村振兴重点工作的意见》（即2022年中央一号文件），明确要求牢牢守住保障国家粮食安全和不发生规模性返贫两条底线。而在全域国土综合整治中，耕地有"出"与"进"的变化。其中，在地块合并、地用置换与空间挪腾过程中，"出去"多少耕地、"进来"多少耕地，涉及耕地的数量变化；"出去"什么等级的耕地与"进来"什么等级的耕地，关联耕地的质量变化。耕地"进出"的数量变化与质量变化，不仅直接影响乡村地区产业用地的供给能力，而且事关国家的18亿亩耕地保护红线

与国家粮食安全底线，因此，在全域国土综合整治过程中不仅要坚守耕地的"进出平衡"，而且还要尽可能地达成新增耕地的目标。

（一）要牢牢守住保障国家粮食安全底线

耕地是粮食生产的第一要素，是保障粮食安全的根本。但随着耕地资源日益减少和区域耕地质量的不断退化，与粮食安全密切相关联的耕地安全问题日益突出。为了解决吃饭问题、确保粮食安全，我国实行最严格的耕地保护制度和最严格的节约用地制度。全域国土整治正是在保护耕地、确保粮食安全的背景下展开的，已经成为坚守18亿亩耕地保护红线、实现耕地"占补平衡"、保障国家粮食安全、促进土地资源节约集约与可持续利用、促进社会主义新农村建设的重要平台与手段，并逐渐上升为国家层面的战略部署。全域国土综合整治的一个重点是推进农用地综合整治，以耕地保护为重点，统筹推进农田基础设施建设、耕地提质改造、低效林草地和园地整治、污染土壤修复等，集中连片改良提升农田，增加耕地数量，提高耕地质量，严格落实耕地用途管制。在整体推进耕地数量、质量、生态"三位一体"保护过程中，要采取植树造绿、挖湖造景、农业结构调整占用耕地的补救措施，确保耕地"进出平衡"。全域国土综合整治中的耕地"进出平衡"为端牢中国人自己的饭碗，确保粮食安全奠定坚实的资源基础（张维宸，2011；张玉明，2022）。

（二）要牢牢守住不发生规模性返贫底线

当前，我国完成脱贫攻坚、全面建成小康社会的历史任务，实现了第一个百年奋斗目标，但在丘陵山区的乡村，由于资源禀赋、经济基础与社会发展等方面与其他地区存在差异，耕地破碎化与低效利用等现象仍然严重，农户增收还存在诸多阻力。在百年之世界局势调整过程中，受国际经济形势与自然灾害等外在因素影响，部分地区仍存有规模性返贫的风险。而全域国土综合整治是解决"三农"问题，实现农业增产、农户增收与乡村发展的重要举措。在农业发展方面，国土综合整治中耕地格局优化、质量提升、数量提高，能够优化土地结构，促进土地的流转，适于规模经营，发展现代农业生产。巩固拓展脱贫攻坚成果，全面推进乡村振兴，使得更多的农村居民提高收入。在农村发展方面，基于全域国土综合整治，可以改变耕地数量、质量和农村建设用地利用形态，优化村庄的空间布局和乡村风貌，盘活乡村的土地资源，促进农村产业兴旺和农民生活富裕。"三农"问题的核心是农民问题，表现为农民收入低、增收难、城乡居民贫富差距大，其实质是农民权益得不到保障。通过全域国土综合整治，在提高耕地产能与拓展增收渠道的同时，可以提高农业的竞争力，增加农民的收入，增强农村的造血功能。通过国土综合整治改善农业生产条件，创新土地利用新模式，激活乡村"沉睡"土地资产，不仅可以有效提高农地的生产力，直接助推农户家庭增产增收，而且还可以通过分享土地整治中的土地增值红利、发展现代农业等方式，大幅增加家庭收入，增加农村集体的经济收入，这对实现乡村共同富裕具有重要的现实意义。

二、耕地"进出平衡"是新时代耕地"占补平衡"制度的创新发展

耕地保护历来受到党中央的高度重视。1986年3月，中共中央、国务院印发《关于加强土地管理、制止乱占耕地的通知》，第一次正式将耕地保护作为我国的基本国策。1997年4月，中共中央、国务院印发《关于进一步加强土地管理切实保护耕地的通知》，进一步加大耕地保护力度，明确保护耕地就是保护我们的生命线，并建立起以耕地总量动态平衡和土地用途管制制度为核心的土地管理制度体系。2017年，中共中央、国务院印发《关于加强耕地保护和改进占补平衡的意见》，再次明确耕地保护的重要性，建立数量、质量、生态"三位一体"的耕地保护新格局。2021年新修订的《土地管理法实施条例》进一步落实加强耕地保护、改进"占补平衡"、制止耕地"非农化"、防止耕地"非粮化"等决策。从第一次正式将耕地保护列为我国的基本国策，到明确耕地保护是我们的生命线，再到建立耕地保护新格局，国家为耕地保护工作作出了许多努力，才使得如今粮食安全有保障，生态环境得以改善，社会经济稳定发展。

当前，国家已经制定了一系列关于耕地保护的政策条例，如实行占用耕地补偿制度、永久基本农田保护制度等，推进土地开发、复垦、整理，严格控制耕地"非农化"等工作，有效地缓解了耕地供需不匹配和耕地保护压力较大等问题。但在严格的耕地保护制度下，仍有一些地方改变耕地用途，破坏耕地耕作层，违法违规建设占用耕地，致使耕地数量不增反减。2021年发布的第三次全国国土调查（后简称"三调"）主要数据成果显示，我国共有耕地19.179亿亩，不断逼近18亿亩耕地红线，相比第二次全国国土调查（后简称"二调"）数据，10年间耕地减少了1.13亿亩。在相关政策制定方面，2020年9月和11月，国务院办公厅分别印发了《关于坚决制止耕地"非农化"行为的通知》和《关于防止耕地"非粮化"稳定粮食生产的意见》；2021年中央农村工作会议上，习近平总书记

进一步强调，"18亿亩耕地必须实至名归，农田就是农田，而且必须是良田"。①
2021年11月，自然资源部发布《关于开展2021年违法违规占用耕地重点问题整
治的通知》，随后联合农业农村部、国家林业和草原局发布《关于严格耕地用途
管制有关问题的通知》（后简称"166号文件"），两份文件均强调耕地"进出平
衡"，要求严格落实耕地用途管制。

耕地"进出平衡"作为当前新出台的一项耕地保护政策，是对植树造绿、挖湖
造景、农业结构调整占用耕地的补救措施，也是防止耕地减少的创新之举。166号
文件中，要求对耕地转为其他农用地及农业设施建设用地实行年度"进出平衡"，
即除国家安排的生态退耕、自然灾害损毁难以复耕、河湖水面自然扩大造成耕地永
久淹没等情形外，应当通过统筹林地、草地、园地等其他农用地及农业设施建设
用地整治为耕地等方式，补足同等数量、质量的耕地，严肃处置违法违规占用耕地问
题，加强对耕地的保护，以确保长期稳定利用的耕地不再减少。

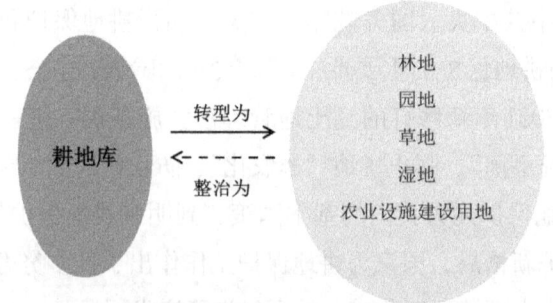

图3-3 耕地"进出平衡"概念示意图

三、耕地"进出平衡"制度的核心内涵与本质特征

（一）"占补平衡"保护仍是耕地"进出平衡"制度的核心内涵

"进出平衡"制度与"占补平衡"制度的出台都基于我国土地基本国情和所
面临的耕地保护形势与现状。耕地"占补平衡"制度的重点是针对大量占用农地
导致我国耕地面积急剧减少、"非农化"急剧严重、"口粮田"受到严重威胁的现
状，对农用地转为建设用地进行严格管控。基于我国耕地"非粮化"现象不断凸

---

①《中央农村工作会议在京召开》，《人民日报》2021年12月27日。

显，严重威胁到我国国家粮食安全的新形势，耕地"进出平衡"制度的重点是对耕地尤其是永久基本农田转为其他农用地或农业设施建设用地"非粮化"行为实行严格管控。耕地"进出平衡"和耕地"占补平衡"实际上是从管控建设占用和管控农地互转的不同角度，共同构筑了严格保护耕地、保障国家粮食安全的"制度长城"。两者都是耕地保护制度的重要举措，在全域国土综合整治过程中，耕地可以有"进出"变化，但仍要严格执行"占补平衡"保护制度，确保耕地的"进出"做到"数量平衡、质量平衡与生态平衡"（郭云、高浩，2022）。

（二）允许耕地有限"进出"是耕地"进出平衡"政策的创新突破

在乡村振兴战略实施过程中，解决耕地的破碎化与低效利用问题是全域国土综合整治的重点任务之一，而破解这一问题的关键是要突破过去耕地保护中的"用途管制"约束，打通耕地与林地、草地、水体湿地等地类之间相互置换的通道。在这种情况下，破碎化的耕地才能通过全域国土综合整治中的"地块合并、地用转型与空间挪腾"等措施，实现耕地的集中连片与规模化利用。耕地"进出平衡"政策正是在这种背景下的制度创新，它在一定程度上给了地方政府因地制宜调整农地利用结构与优化乡村"三生"用地空间格局的自主权，地方政府可以根据实际需要允许耕地的"出"与"进"。

但是，耕地的这种"进出"是有条件限制的。从耕地"转出"与"转进"的要求来看（图3-4），耕地"转出"应优先选择不稳定利用、质量较低、零星分散、不宜集中连片耕作管护的耕地；耕地"转进"要优先考虑自身规模较大的地块，或与周边现状耕地布局集中连片、农田水利设施配套较好的地块。

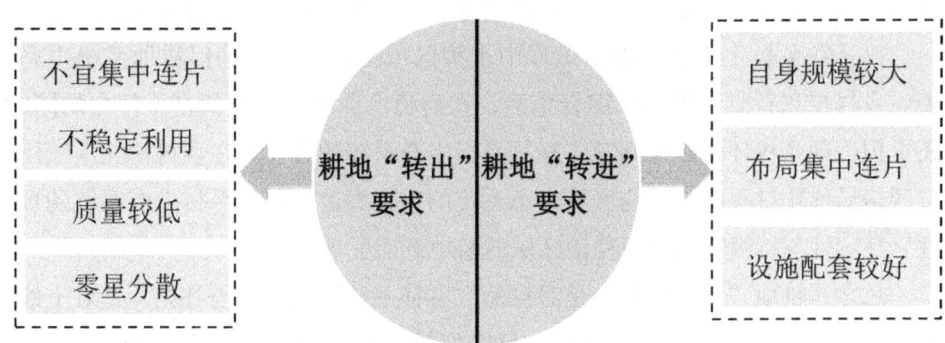

图3-4 耕地"转出"与耕地"转进"要求

当集中连片区的耕地需要转为林地、草地、园地、水体湿地，或者其他农业设施用地时，需要按照年度耕地"出一进一""先进后出"的方式进行平衡，除国家安排的生态退耕、自然灾害损毁难以复耕、河湖水面自然扩大造成耕地永久淹没外，耕地转为林地、草地、园地等其他农用地及农业设施建设用地的，应当通过统筹林地、草地、园地等其他农用地及农业设施建设用地整治为耕地等方式，补足同等数量、质量的可以长期稳定利用的耕地，实现区域范围内可以长期稳定利用的耕地不减少的活动。耕地"进出平衡"首先在县域范围内落实，县域范围内无法落实的，在市域范围内落实。

（三）"三个"平衡是耕地"进出平衡"制度的本质特征

耕地"进出平衡"不是放松对耕地的保护，而是通过放权激活基层地方政府保护耕地的积极性，提升耕地"占补平衡"保护政策的有效性。在全域国土综合整治过程中，耕地"进出平衡"政策具有"数量平衡、质量平衡与生态平衡"的本质特征。

一是严格实施"占一补一"的保护原则，确保耕地数量不减少。耕地是乡村振兴的最大资源，也是保障我国粮食安全的基石。因此，国土综合整治中的耕地保护历来受到党和政府的高度重视。在全域国土综合整治过程中，中央与地方政府出台各项政策意见，制订了严格的耕地保护措施，并在确保耕地数量"占补平衡"的基础上，还提出了项目区经过整治后要达到"两个5%"的增地指标。

二是大力开展土壤改良与耕作层保护，确保"新进"耕地的质量等级不降低。在耕地的集中连片过程中，调整"出去"往往有耕作多年，土地质量较好的耕地，而"新进"的耕地，可能来自林地、草地或者建设用地等非农用地类型，无法直接作为耕地使用，需要实施土地平整、土壤改良与耕作层修复等工程。在这些工程的支撑下，经过整治的耕地质量要确保不下降，力争有提升。

三是在乡村生态环境整治过程中重构区域生态廊道，确保耕地系统生态平衡。乡村振兴背景下的国土综合整治，在肩负产业兴旺与生活富裕使命的同时，还承担治理乡村环境污染问题、修复受损生态系统的重任。在乡村"三生"用地空间格局优化过程中，重构区域生态系统的生态廊道，提升乡村生态系统的多样性、稳定性与持续性，确保整治区域的耕地产能显著提升。

总之，耕地"进出平衡"是对耕地"占补平衡"的拓展与补充，是对土地用途管制制度的进一步深化和细化，是守住耕地保护的创新之举。其内涵更加丰富，目标更加明确，不仅解决了耕地破碎化与低效利用问题，为耕地集中连片发展现代农业创造了条件，而且也提升了乡村发展的土地供给能力。

第四节　全域国土综合整治中耕地"进出平衡"的路径障碍

一、部门管理制度有冲突

在我国自然资源管理过程中，长期存在着"林耕保护冲突"问题（黄文娟，2022）。如在2019年湖北省自然资源厅发布的《关于加强耕地占补平衡项目管理的通知》中，明确规定：对于历史形成的未纳入耕地保护范围的低效园地、残次林地等适宜开发的农用地，县级人民政府应组织开展可行性评估论证，市（州）自然资源主管部门审查同意后可纳入项目立项范围，验收的新增耕地经省自然资源厅备案认定后可用于耕地"占补平衡"。但是，在实际操作过程中，林业部门依据林业系统的管理制度，对国土综合整治中的林地转型并不认同。甚至在国土综合整治后，部分分散破碎化的残次林已经被整治成了耕地，林业部门对这类转型变更持反对态度，要求国土整治部门重新恢复为林地。行业法规与部门管理间的矛盾与冲突，阻碍了耕地"进出平衡"的实现。

二、多源数据融合共享难

在2019年11月印发的《自然资源部信息化建设总体方案》中，明确要求围绕生态文明建设目标和网络强国战略部署，充分运用移动互联网、云计算、大数据、物联网、三维仿真、人工智能等新一代信息技术，建成以第三次国土调查和年度变更调查为基础，以自然资源"一张网""一张图""一个平台"为支撑，面向自然资源部调查评价、监管决策和政务服务的信息化体系，全面增强自然资源三维动态监测与态势感知能力、综合监管与科学决策能力、政务"一网通办"与开放共享能力，提升地上、地下自然资源管理的一体化、精细化和智能化水平，为"数字中国"建设提供基础支撑。但是，从各个试点项目反馈的情况来看，不同地类之间的数据存在"数出多门、信息不一，规划重叠、图斑有异"的现象，部门之间的数据库、应用系统和网络基础设施在技术标准和应用模式上存在较大差异，数据资源的准确性、时效性、系统性还存在较大差距，数据共享和社会化服务能力不足。一些部门和单位信息化建设仍有不同程度的交叉重叠，存在多头布置、分散建设问题，信息化建设的统筹需要进一步加强，一系列新机制亟待建立（娄国胜、王秋林，2022）。

三、"进出"验收督查机制不全

长期以来，耕地"占补平衡"新增耕地的开发项目实行"五制"（即项目法人制、招投标制、工程监理制、合同制、公告制），项目验收为市级或省级自然资源主管部门，以土地开发整理项目报备系统实行项目全过程监管，新增耕地指标纳入自然资源部耕地"占补平衡"系统。166号文件规定："县级人民政府应组织编制年度耕地'进出平衡'总体方案，明确耕地转为林地、草地、园地等其他农用地及农业设施建设用地的规模、布局、时序和年度内落实'进出平衡'的安排，并组织实施。"但"进出平衡"中其他农用地通过工程措施复垦为耕地的实施过程，是否也按土地开发整治项目来实施，是否也应按"五制"来管理，文件却没有规定，这势必会导致实施主体无所适从（郭云、高浩，2022）。

四、耕地"进出平衡"资金压力大

耕地的"进"与"出"不仅涉及土地权益补偿问题，而且需要投入地类转型中的耕地修复成本，耕地"进出平衡"需要充足的资金保障。与耕地"占补平衡"不同，目前尚未对落实耕地"进出平衡"所需要的资金保障做出政策性或者制度性安排。除农民个人在自己承包地上自行将耕地转为其他农用地的以外，"耕地转出"的相关实施主体应根据使用耕地情况，由县级人民政府明确承担耕地"转进"任务或复垦实施费用，资金不足部分由县级财政统筹保障、"兜底"落实。耕地"进出平衡"成本包含青苗补偿费、土地流转费用、土地复垦费用、作物收益、地块后期管护费用等，成本较高。在当前经济下行压力大、财政收入困难的情况下，地方自然资源部门在实施耕地"进出平衡"时面临较大的经费压力，如何解决耕地"转出"的项目平衡设施农用地保障金、农村道路建设资金问题还需进一步探讨。

第五节 全域国土综合整治中耕地"进出平衡"的实现路径

一、严守耕地保护红线，进行分类分级保护

（一）高产农田绝对不动，基本农田有限调整，一般农田适当进出

我们应清醒地认识到，在生物技术取得重大突破之前，我国粮食产销结构性

矛盾将长期客观存在，粮食供求将长期处于紧平衡状态。今后，随着工业化城镇化进一步加快发展，以及人口数量持续增加和消费水平调整升级，我国粮食消费需求仍将刚性增长。由于国际粮食市场波动较大和调剂国内余缺空间有限，保障国家粮食安全必须立足国内。基本农田从诞生之日起就肩负了扮演"口粮田"角色的历史使命，高产农田对于增强我国粮食安全保障能力的作用更是具有不可替代的作用，所以必须守住高产农田的红线。除此之外，高标准基本农田建设还可以降低农业综合生产成本；增加当地农民劳务收入，拓宽农民增收渠道；改善农村的基础设施条件，美化农村景观风貌；促进农民收入持续增长与和谐宜居农村建设，这些措施都将极大推动中国特色农业现代化加快发展。所以必须守住高产农田的红线不动摇。

基本农田是根据一定时期人口和国民经济对农产品的需求以及对建设用地的预测而确定的，在土地利用总体规划期内未经国务院批准不得占用的耕地。这是从战略高度出发必须确保的耕地最低需求量，老百姓称之为"吃饭田""保命田"。为了有序推进全域国土综合整治，保障耕地"进出平衡"的灵活性，可以对基本农田采取有限调整的原则，但是这种有限调整必须是基于对基本农田的保护原则之上。例如地方各级人民政府应当采取措施，确保土地利用总体规划确定的本行政区域内基本农田的数量不减少。基本农田保护区经依法划定后，任何单位和个人不得改变或者占用。国家能源、交通、水利、军事设施等重点建设项目选址确实无法避开基本农田保护区，需要占用基本农田，涉及农用地转用或者征收土地的，必须经国务院批准。占用基本农田的单位应当按照县级以上地方人民政府的要求，将所占用基本农田耕作层的土壤用于新开垦耕地、劣质地或者其他耕地的土壤改良。

一般农田是没有划入基本农田保护区的农用地，包括规划确定为农业使用的耕地后备资源、坡度大于25度但未列入生态退耕范围的耕地、泄洪区内的耕地和其他劣质耕地。虽然一般农田也属于农业保护范围，但是相对基本农田没有那么严格。所以，在进行耕地的"进出平衡"时，一般农田较高产农田和基本农田而言，其"进出"的灵活度更高。

（二）耕地"进出"中的数量不减少，产能要增加

进行全域国土综合整治，应该牢固树立新发展理念，实施乡村振兴战略，坚持最严格的耕地保护制度和最严格的节约用地制度，落实"藏粮于地、藏粮于

技"战略，以确保国家粮食安全和农产品质量安全为目标，加强耕地数量、质量、生态"三位一体"保护，构建保护有力、集约高效、监管严格的永久基本农田特殊保护新格局，严格实行耕地的"进出平衡"，牢牢守住耕地红线。地方各级人民政府应当采取措施，确保土地利用总体规划确定的本行政区域内基本农田的数量不减少。在保持耕地数量不减少、质量不下降、耕地生态不破坏的基础之上，确保耕地产能稳步提高，耕地的生产力和效益逐步提升，促进和保障粮食安全、经济安全和生态安全有机统一，更有助于以土地资源可持续利用促进经济社会可持续发展。

（三）坚持"先进后出"，平衡后的功能要提升

为了优化国土空间的布局，在耕地"进出平衡"的过程中，允许进行林地空间置换推进耕地集中连片整治政策。对于零散的林地，在保证不破坏生态环境、不减少林地面积、严格控制规模的原则下，实行先进后出的原则，进行空间置换，以优化耕地布局、提高耕地的集中连片程度，使得耕地能够达到功能提升的目的。例如，可先将平原地区种植条件好的林地先恢复为耕地，再在生态稳定的荒山荒坡上种植果树、林木。所以，对林地实行"先进后出"是有必要的，能够有效推进全域国土综合整治中对于耕地的整治。

二、完善耕地"进出平衡"管理机制，优化管理流程

从耕地"进出平衡"的管理机制来看，省级政府层面制定严格耕地用途管制政策，市、县级政府出台地方配套政策，细化落实耕地"进出平衡"制度。县级政府对耕地"进出平衡"负总责，负责编制县级年度耕地"进出平衡"总体方案并组织实施。县级自然资源、农业农村和林业等主管部门按照职责分工，依据经批准的方案指导耕地"转出"地块审核实施、耕地"转进"项目审核实施。由耕地"转出"的相关实施主体承担落实"转进"具体责任。乡镇人民政府提出落实耕地"进出平衡"的意见，并报县级人民政府纳入年度耕地"进出平衡"总体方案后实施。

从具体的操作程序来看，县级人民政府组织编制年度耕地"进出平衡"总体方案并组织实施，方案内容包含说明报告、图表等，及说明地块现状、调整必要性、政策性、实施方式、监督管理方式等。其中涉及农村集体土地的，经承包农户签字同意，由发包方向乡镇人民政府申报；其他土地由实施单位或经营者向乡镇人民政府申报。乡镇人民政府提出落实耕地"进出平衡"的意见，并报县级人

民政府纳入年度耕地"进出平衡"总体方案后实施。实施过程由国家、省、市、县自然资源部门检查监管，监管方式包括耕地卫片监督、年度国土变更调查和耕地保护动态监测监管。各级政府及相关部门对耕地"进出平衡"实施结果中存在不履行相关法律法规的行为进行督促整改，严重者公开通报，并将实施结果纳入耕地保护责任目标考核。具体管理流程详见图3-5。

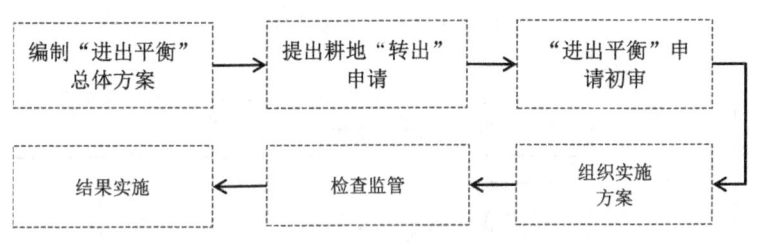

图3-5　耕地"进出平衡"管理流程图

三、把握耕地"进出平衡"工作重点，严控一般耕地转为其他农用地

耕地"进出平衡"是当前耕地保护的一项新政策，目前对实行耕地"进出平衡"政策暂时没有明确的工作指引与编制指南。从项目试点的经验来看，恢复（补充）耕地（"转入"手段）与一般耕地转其他农用地（"转出"手段）是耕地"进出平衡"时需要把握的两个重点。

（一）恢复（补充）耕地是耕地"转入"的重要手段

自"二调"以来，我国耕地数量急剧减少，耕地分布分散，耕地保护与城镇发展冲突加剧。为缓解耕地保护压力及发展用地矛盾，可优先将"三调"及年度变更调查中适宜的即可恢复和工程恢复地块整治恢复为耕地，作为耕地"进出平衡"的重要来源。具体而言，恢复（补充）耕地工作可以通过分析遥感影像图或实地勘查等方式，选择荒废的林地、园地、果地、闲置农业设施建设用地以及能够变更为耕地的其他农用地等现状地块，纳入耕地"进出平衡"工作中，通过土地综合整治、垦造水田、撂荒复耕、种植粮食等措施，快速恢复补充耕地，优化永久基本农田划定方案，为发展用地挪腾空间。

（二）一般耕地转其他农用地是耕地"转出"的重要手段

一般耕地是指永久基本农田以外的耕地，主要用于粮食和棉、油、糖、蔬菜等农产品及饲草饲料生产，依据国家相关政策及166号文件要求为长期确保稳定利用耕地不再减少,除国家安排的生态退耕、自然灾害损毁等非人为因素导致的现有耕地减少情况外,各地有必要对耕地转为其他农用地及农业设施建设用地实行年度"进出平衡",在落实一般耕地"进出平衡"时,应严格管控一般耕地转为其他农用地,具体实施条件如图3-6所示。

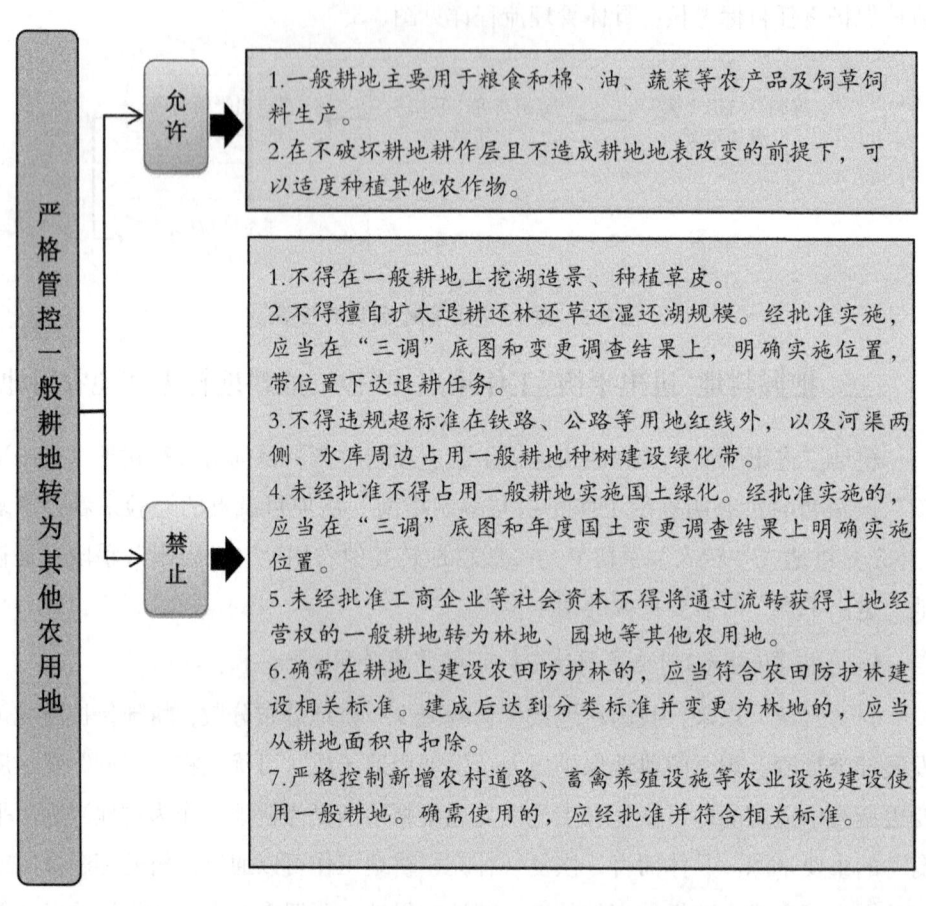

图3-6 一般耕地转为其他农用地管控图

四、建设多源数据融合平台,强化耕地"进出平衡"的督查力度

在全域国土综合整治过程中,打造耕地"进出平衡"备案监管信息系统。一方面,要综合运用实地核查、卫星遥感影像监测、视频人工智能技术等手段,采取系统自动判读和人工比对等多种方式,强化地方日常监管和"全链条"信息化系统监管。同时,与土地卫片执法、耕地卫片监督、设施农用地备案监管等举措

有效协调联动，构建常态长效监管机制。把耕地"进出平衡"纳入信息化监管平台，实现上图入库管理。另一方面，要通过卫片执法监督、"天地网"动态执法监督等方式定期开展耕地的动态监测监管、及时发现和处理问题。每年末利用年度国土变更调查结果，对省、市、州、县（区）耕地"进出平衡"落实情况进行检查，检查结果纳入各级政府耕地保护责任目标检查考核内容。未按规定落实的，自然资源部门将会同有关部门督促整改。整改不力的，将公开通报、并按规定移交相关部门追究相关责任人责任。

此外，也要依据年度耕地"进出平衡"总体方案，严格耕地"进出平衡"范围核实认定和监管，建立耕地"进出平衡"项目库并组织实施。耕地"转进"项目实施完成后形成耕地"转进"指标，纳入耕地"进出平衡"指标库管理，按照"先垦后用"的原则，鼓励先期形成指标再使用。要强化新增耕地的质量验收，保障耕种主体的投入和投劳与耕地产出效益成正比，才能确保新增耕地不抛荒。管护责任主体按照实施方式确定。其中，耕地流出的占用耕地方实施的，由耕地流出的占用耕地方负责管护；镇、村实施的耕地流入，由村集体负责管护；县级土地整理机构实施的耕地流入，由施工单位负责管护；社会资本投资实施的耕地流入，由投资主体实施管护。管护期限不低于三年，待耕地熟耕后，交由村集体经济组织经营管理。

五、加强耕地"进出平衡"资金保障

耕地"进出平衡"的垦造耕地费用原则上应来源于耕地"进出平衡"的需求申报主体，实施资金保障是制度能够顺利运行的关键。按照"谁流出、谁恢复"的原则，由申请将一般耕地转为其他农用地及农业设施建设用地的单位和个人按要求恢复耕地。涉及各级政府及有关部门主导实施的，恢复耕地的费用应列入项目总投资。县级人民政府要统筹整合项目和资金，鼓励农村集体经济组织、农民和新型农业经营主体等参与耕地恢复。

为了提前储备耕地"进出平衡"指标，基层政府可以加强资金统筹力度，从新增建设用地土地有偿使用费、用于农业土地开发的土地出让金，以及其他财政资金中统筹安排专项资金，组织实施耕地恢复，并按照拟恢复耕地的现状地类、青苗、附着物情况制定补偿标准，加大对复耕地的管护激励力度，实现耕地"先进后出"，确保有关项目及时落地。

第四章 湖北省全域国土综合整治助推
乡村振兴的案例模式与路径

第一节 湖北省全域国土综合整治项目试点的整体进展

一、全域国土综合整治的规划与管理制度正在有序推出

2018年党中央提出实施全域国土综合整治后，湖北省委省政府高度重视，迅速在嘉鱼县、仙桃市、天门市和公安县等地启动试点。并于2019年11月出台《省人民政府批转省自然资源厅关于推进全域国土综合整治和加快推进新增工业用地"标准化"出让两个意见的通知》，湖北省成为全国第二个由省政府发文部署的省份。《意见》要求按照山水林田湖草系统治理的理念，以科学合理规划为前提，以乡镇为基本实施单元（整治区涵盖多个行政村），整体推进农用地整理、建设用地整理和乡村生态保护修复，在全省范围开展全域国土综合整治试点工作。2021年4月，湖北省发布《湖北省国民经济和社会发展第十四个五年规划和二〇三五年远景目标纲要》（后简称《规划》），《规划》要求通过全域整治农村人居环境，补齐农村基础设施和公共服务短板，彰显乡村特色风貌，打造宜居、宜游、宜业、宜养的美丽乡村。

2021年7月，湖北省全域国土综合整治领导小组办公室印发《关于加强全域国土综合整治试点项目实施管理的通知》，提出各市、州、县（区）人民政府要坚持规划引领、政府主导、改革创新和底线思维，规范项目实施流程，构建多元化资金筹措机制，因地制宜探索符合各试点所在区域实际情况、独具区域特色的国土综合整治模式和路径；并对社会资本方引入、资金闭环管理等作出具体规定。2021年9月，湖北省自然资源厅下发了《关于规范全域国土综合整治中永久

基本农田调整的通知》，为优化永久基本农田布局，巩固永久基本农田划定成果，促进乡村振兴提供了指导。

2022年3月，湖北省人民政府办公厅印发《深化自然资源管理改革服务高质量发展的若干措施》，提出充分发挥全域国土综合整治优化空间布局的功能，统筹谋划各类整治项目，实施全域、全地类、全要素整治。2022年5月，为落实中央《关于鼓励和支持社会资本参与生态保护修复的意见》，湖北省自然资源厅印发《鼓励和支持社会资本参与生态保护修复若干措施的通知》，给予社会资本资源开发利用、规划调整、土地保障、指标专属、资源利用、财税金融六大政策红利，与全域国土综合整治支持政策相互补充，形成政策高地，吸引资本、产业向项目区集中集聚。2022年6月，湖北省国土整治中心编制印发了湖北省全域国土综合整治"十四五"规划，为全省全域国土综合整治工作提供了行动指南。2022年9月，湖北省自然资源厅党组印发《关于开展全域国土综合整治助推美好环境与幸福生活共同缔造试点的实施方案》，以广泛发动群众决策共谋、发展共建、建设共管、效果共评、成果共享为路径，不断提升人民群众获得感、幸福感、安全感；印发《关于推进全域国土综合整治的意见》，为优化国土空间布局、加强土地开发利用以及加强自然资源产权和指标激励提供了指导意见。这一系列政策文件体现了湖北省对全域国土综合整治工作的高度重视，为全域国土综合整治项目实施营造了良好的政策环境。

二、全域国土综合整治的分级分类试点项目正在扎实推进

在项目试点方面，2018年湖北省在嘉鱼县、仙桃市、天门市和公安县启动了四个省级试点项目。2020年4月，湖北省全域国土综合整治领导小组办公室印发了《关于申报全域国土综合整治项目的通知》，要求开展全域国土综合整治项目申报。经市县自主申报、竞争性评审和网上公示，湖北省全域国土综合整治领导小组办公室确定将33个项目纳入省级试点项目名单、9个项目纳入市级试点项目名单。2021年12月7日，经评审确定了2022年度试点项目：其中有33个省级试点项目，16个市级试点项目。截至2023年12月，湖北省共有95个试点项目（参见表4-1），其中省级试点项目70个，市级试点项目25个，5个县（市）域成为全域国土综合整治试点县（市）。

表4-1　湖北省全域国土综合整治项目（省市级试点）一览表

序号	市(州)	县(市、区)	项目名称	项目类型	项目状态
1	黄石市	阳新县	阳新县黄颡口镇全域国土综合整治项目	2022省级	正常
2		大冶湖高新开发区	黄石大冶湖高新技术产业开发区全域国土综合整治项目	2022省级	正常
3		大冶市	大冶市还地桥镇全域国土综合整治项目	2020省级	正常
4	十堰市	竹山县	竹山县文峰乡全域国土综合整治项目	2022省级	正常
5		竹溪县	竹溪县水坪镇桃花岛片区全域国土综合整治项目	2022省级	正常
6		房县	房县土城镇全域国土综合整治项目	2022省级	正常
7		竹溪县	竹溪县水坪镇洛河流域全域国土综合整治项目	2020省级	正常
8		丹江口市	丹江口市凉水河镇全域国土综合整治项目	2020省级	正常
9		郧西县	郧西县上津镇全域国土综合整治项目	2022市级	正常
10	宜昌市	长阳土家族自治县	长阳土家族自治县磨市镇全域国土综合整治项目	2022省级	正常
11		远安县	远安县花林寺镇全域国土综合整治项目	2022省级	正常
12		当阳市	当阳市玉泉办事处全域国土综合整治项目	2020省级	正常
13		当阳市	当阳市玉泉办事处全域国土综合整治项目	2022省级	正常
14		宜都市	宜都市枝城镇全域国土综合整治项目	2020省级	正常
15		长阳土家族自治县	长阳土家族自治县贺家坪镇全域国土综合整治项目	2020省级	正常

序号	市(州)	县(市、区)	项目名称	项目类型	项目状态
16		当阳市	当阳市河溶镇全域国土综合整治项目	2022市级	2023年升级为省级
17		夷陵区	夷陵区分乡镇全域国土综合整治项目	2020市级	2023年升级为省级
18		枝江市	枝江市仙女镇全域国土综合整治项目	2022市级	正常
19		宜城市	宜城市流水镇全域国土综合整治项目	2022省级	正常
20		樊城区	樊城区太平店镇全域国土综合整治项目	2022省级	正常
21		南漳县	南漳县九集镇全域国土综合整治项目	2022省级	正常
22		襄州区	襄州区龙王镇全域国土综合整治项目	2020省级	正常
23	襄阳市	老河口市	老河口市仙人渡镇全域国土综合整治项目	2020省级	正常
24		枣阳市	枣阳市吴店镇全域国土综合整治项目	2020省级	正常
25		谷城县	谷城县城关镇全域国土综合整治项目	2020省级	正常
26		襄城区	襄城区卧龙镇全域国土综合整治项目	2022市级	正常
27		保康县	保康县马桥镇全域国土综合整治项目	2020市级	2023年升级为省级
28		鄂城区	鄂州市鄂城区泽林镇全域国土综合整治项目	2022省级	正常
29	鄂州市	鄂城区	鄂州市鄂城区汀祖镇全域国土综合整治项目	2020省级	正常
30		梁子湖区	梁子湖区梁子镇全域国土综合整治项目	2022市级	正常

续表

序号	市(州)	县(市、区)	项目名称	项目类型	项目状态
31		梁子湖区	梁子湖区涂家垴镇全域国土综合整治项目	2022市级	正常
32	鄂州市		鄂州市鄂城区花湖镇全域国土综合整治项目	2022市级	正常
33		葛店经济技术开发区	葛店经济技术开发区全域国土综合整治项目	2022省级	2023年取消
34		京山市	京山市新市街道全域国土综合整治项目	2022省级	正常
35		沙洋县	沙洋县五里铺镇全域国土综合整治项目	2022省级	正常
36	荆门市	屈家岭管理区	荆门市屈家岭管理区长滩办事处全域国土综合整治项目	2022省级	正常
37		沙洋县	沙洋县沈集镇全域国土综合整治项目	2020省级	正常
38		钟祥市	钟祥市东桥镇全域国土综合整治项目	2020省级	正常
39		荆门市	荆门市革集河流域全域国土综合整治项目	2020市级	正常
40		安陆市	安陆市木梓乡全域国土综合整治项目	2022省级	正常
41		云梦县	云梦县倒店乡全域国土综合整治项目	2022省级	正常
42	孝感市	孝昌县	孝昌县小河镇全域国土综合整治项目	2022省级	正常
43		大悟县	大悟县彭店乡全域国土综合整治项目	2022省级	正常
44		孝南区	孝南区朱湖办事处全域国土综合整治项目	2020省级	正常
45		应城市	应城市杨河镇全域国土综合整治项目	2020省级	正常

序号	市(州)	县(市、区)	项目名称	项目类型	项目状态
46		监利市	监利市人民大垸管理区全域国土综合整治项目	2022省级	正常
47		江陵县	江陵县沙岗镇全域国土综合整治项目	2022省级	正常
48		荆州区	荆州区八岭山镇全域国土综合整治项目	2020省级	正常
49		荆州区	荆州区八岭山镇全域国土综合整治项目	2022省级	正常
50		松滋市	松滋市八宝镇全域国土综合整治项目	2020省级	正常
51		沙市区	沙市区岑河镇全域国土综合整治项目	2020省级	正常
52	荆州市	荆州区	荆州市荆州区纪南镇全域国土综合整治项目	2020市级	2023年升级为省级
53		公安县	公安县毛家港镇全域国土综合整治项目	2018省级	正常
54		公安县	公安县麻豪口镇全域国土综合整治项目	2022市级	正常
55		洪湖市	洪湖市老湾回族乡全域国土综合整治项目	2022市级	正常
56		沙市区	沙市区观音垱镇全域国土综合整治项目	2022市级	正常
57		江陵县	江陵县普济镇全域国土综合整治项目	2022市级	正常
58		荆州区	荆州区太湖管理区等三个镇(荆州高新区)全域国土综合整治项目	2020市级	正常
59		公安县	公安县毛家港镇全域国土综合整治项目	2022市级	2023年取消
60		石首市	石首市大垸镇全域国土综合整治项目	2020市级	2023年取消

续表

序号	市(州)	县(市、区)	项目名称	项目类型	项目状态
61	黄冈市	麻城市	麻城市福田河镇全域国土综合整治项目	2022省级	正常
62		英山县	英山县雷家店镇全域国土综合整治项目	2022省级	正常
63		麻城市	麻城市黄土岗镇全域国土综合整治项目	2020省级	正常
64		武穴市	武穴市大法寺镇全域国土综合整治项目	2020省级	正常
65		罗田县	罗田县三里畈镇全域国土综合整治项目	2020省级	正常
66		黄州区	黄州区堵城镇叶路洲全域国土综合整治项目	2020省级	2023年降级为市级
67	咸宁市	通城县	通城县隽水镇全域国土综合整治项目	2022省级	正常
68		赤壁市	赤壁市赵李桥镇全域国土综合整治项目	2022省级	正常
69		嘉鱼县	嘉鱼县渡普镇全域国土综合整治项目	2022省级	正常
70		崇阳县	崇阳县白霓镇全域国土综合整治项目	2022省级	正常
71		崇阳县	崇阳县天城镇全域国土综合整治项目	2020省级	正常
72		通城县	通城县大坪乡全域国土综合整治项目	2020省级	正常
73		咸安区	咸安区向阳湖奶牛良种场全域国土综合整治项目	2020省级	正常
74		咸安区	咸安区横沟桥镇全域国土综合整治项目	2022市级	2023年升级为省级
75		咸安区	咸安区高桥镇全域国土综合整治	2022市级	正常

续表

序号	市(州)	县(市、区)	项目名称	项目类型	项目状态
76		崇阳县	崇阳县路口镇全域国土综合整治项目	2022市级	正常
77		高新区	咸宁市高新区横沟桥镇全域国土综合整治项目	2020市级	正常
78		嘉鱼县	嘉鱼县官桥镇全域国土综合整治项目	2018省级	正常
79	随州市	广水市	广水市武胜关镇全域国土综合整治项目	2022省级	正常
80		随县	随县柳林镇全域国土综合整治项目	2022省级	正常
81		广水市	广水市余店镇全域国土综合整治项目	2020省级	正常
82		随县	随县尚市镇全域国土综合整治项目	2020省级	正常
83	恩施州	恩施市	恩施市白果乡全域国土综合整治项目	2022省级	正常
84		巴东县	巴东县野三关镇全域国土综合整治项目	2022省级	正常
85		利川市	利川市东城街道办事处全域国土综合整治项目	2020省级	正常
86		宣恩县	宣恩县椒园镇全域国土综合整治项目	2020省级	正常
87		宣恩县	宣恩县沙道沟镇全域国土综合整治项目	2022市级	2023年升级为省级
88	潜江市	潜江市	潜江市高石碑镇全域国土综合整治项目	2020省级	正常
89		潜江市	潜江市龙湾镇全域国土综合整治项目	2020市级	正常
90	仙桃市	仙桃市	仙桃市西流河镇全域国土综合整治项目	2020市级	正常

续表

序号	市(州)	县(市、区)	项目名称	项目类型	项目状态
91		仙桃市	仙桃市彭场镇全域国土综合整治项目	2018省级	正常
92	天门市	天门市	天门市岳口镇全域国土地综合整治项目	2018省级	正常
93	武汉市	蔡甸区	蔡甸区大集街、李山街全域国土综合整治项目	2020省级	2023年取消
94		黄陂区	黄陂区长轩岭、姚家集街全域国土综合整治项目	2020省级	2023年取消
95	神农架	神农架林区	神农架林区阳日镇全域国土综合整治项目	2020省级	2023年取消
试点县(市)域					
1	仙桃市	仙桃市	—	2022试点县市	正常
2	潜江市	潜江市	—	2022试点县市	正常
3	宜昌市	宜都市	—	2022试点县市	正常
4	黄石市	大冶市	—	2022试点县市	正常
5	孝感市	汉川市	—	2022试点县市	正常

三、试点项目的工程进展正常,有望如期完成

从全域国土综合整治的关键环节来诊断各个项目的进展情况,有利于客观评价试点项目的进展情况,对发现问题、总结经验具有重要作用。在前期实地调研考察与后期回访的基础上,课题组从"项目融资、规划设计、施工建设、产业导入、竣工验收以及总体形象进度"六个方面,基于2024年6月初的数据信息,调研了20个典型案例并汇总了其进展情况,参见表4-2。

表4-2 部分试点项目的实施进展情况

序号	项目名称	关键环节完成率（%）								总体形象进度
		项目融资（亿元）		规划设计		施工建设	产业导入		竣工验收		
		计划总投资	目前到位金额	整体规划方案	施工方案调整	工程量完成率	确定产业单位	导入产业运营	规划项目总数	已竣工验收数	
1	2020年孝感市孝南区朱湖项目	11.72	9.47	100	100	66	100	100	45	30	92%
2	2020年应城市杨河镇项目	4.4	4.43	100	100	75	100	100	7	5	99%
3	2022年安陆市木梓乡项目	6.3	3.37	100	100	/	100	100	23	/	45%
4	2020年麻城市黄土岗镇项目	4.4	4.4	100	100	60	100	100	26	13	70%
5	2020年广水市余家店镇项目	3.6	3.4	100	100	65	100	100	12	4	52%
6	2020年大冶市还地桥镇项目	26.66	12.75	100	100	73	100	100	55	9	71%
7	2020年鄂城区汀祖镇项目	4.69	2.9	100	100	60	100	100	12	3	84%

| 序号 | 项目名称 | 项目融资(亿元) | | 规划设计 | | 施工建设 | 产业导入 | | 竣工验收 | | 总体形象进度 |
		计划总投资	目前到位金额	整体规划方案	施工方案调整	工程量完成率	确定产业单位	导入产业运营	规划项目总数	已竣工验收数	
						关键环节完成率(%)					
8	2020年咸安区向阳湖奶牛良种场项目	6.06	6.3	100	100	55	100	100	9	5	98%
9	2020年通城县大坪乡项目	5.06	3.9	100	100	67	100	100	32	12	92%
10	2020年保康县马桥镇项目	9.04	6.9	100	100	80	100	100	42	22	75%
11	2020年潜江市龙湾镇项目	3	2.7	100	100	/	100	100	/	/	70%
12	2022仙桃市郭河镇项目	1.83	0.65	100	100	/	100	100	/	/	100%
13	2022长阳县磨市镇项目	6	1.94	100	100	/	100	100	/	/	32%
14	2022当阳市玉泉街道办事处项目	1.9	3.1	100	100	/	100	100	7	/	27%
15	2020年沙市区岑河镇项目	0.75	0.73	100	100	/	100	100	/	/	96%

序号	项目名称	项目融资(亿元)		规划设计		施工建设	产业导入		竣工验收		总体形象进度
		计划总投资	目前到位金额	整体规划方案	施工方案调整	工程量完成率	确定产业单位	导入产业运营	规划项目总数	已竣工验收数	
16	2020年荆州区八岭山镇项目	0.82	1.4	100	100	/	100	100	23	16	60％
17	2022公安县麻豪口镇项目	1.64	1.17	100	100	/	100	100	/	/	45％
18	2020竹溪县水坪镇项目	1.71	1	100	100	/	100	100	24	20	75％
19	2020年沙洋县沈集镇项目	4.3	2.9	100	100	75	100	100	25	14	81％
20	2020年宣恩县椒园镇项目	7.05	6.21	100	100	60	100	100	25	13	61％
	小计	110.93	79.62	100	100	66.9	100	100	367	166	71％

从项目融资环节来看，20个调研项目计划总投资110.93亿元，目前到位金额共79.62亿元，资金平均到位率为71.77％。其中，融资进展较为顺利，项目资金到位率达到70％以上项目有13个：2020年孝感市孝南区朱湖项目（80.8％）、2022年公安县麻豪口镇项目（71.34％）、2020年保康县马桥镇项目（76.33％）、2020年通城县大坪乡项目（77.08％）、2020年宣恩县椒园镇项目（88.09％）、2020年潜江市龙湾镇项目（90％）、2020年沙市区岑河镇项目（97.33％）、2020年麻城市黄土岗镇项目（100％）、2020年广水市余家店镇项目（94.4％）、2020年咸安区向阳湖奶牛良种场项目（103.96％）、2020年应城市杨河镇项目

（100.68％）、2022年当阳市玉泉街道办事处项目（163.16％）、2020年荆州区八岭山镇项目（170.73％）；2022年仙桃市郭河镇项目、2022长阳县磨市镇项目、2022年长阳县磨市镇项目资金到位率较低，目前分别只到位35.52％、32.33％、32％的资金。

在项目规划设计环节中，20个试点项目，在国内高校与科研院所的支持下，均已编制了较高水平的规划设计方案，并在项目实施前根据实际需要又对设计方案进行了施工调整。

从试点项目完成的工程量来看，20个试点项目平均完成了71％的形象进度。其中，2020年孝感市孝南区朱湖项目、2020年应城市杨河镇项目、2020年咸安区向阳湖奶牛良种场项目、2020年通城县大坪乡项目、2022年仙桃市郭河镇项目、2020年沙市区岑河镇项目已完成90％以上形象进度，项目完成度高，其中2022年仙桃市郭河镇项目实现100％的形象进度。也有项目的形象进度较低，如2022年安陆市木梓乡项目、2022长阳县磨市镇项目、2022年当阳市玉泉街道办事处项目、2022公安县麻豪口镇项目的形象进度均低于50％。

在产业导入发展环节，20个项目均已有了产业开发的合作对象，并且在合作方的支持下，这些导入的产业已经开始运营。如孝感市孝南区朱湖项目区以朱湖糯米为优势，打造种植、采收、深加工、销售为一体的糯稻产业链；保康县马桥镇项目通过矿山修复将废弃矿山变为良田，引入石斛、苍术等中药材大力发展中药材种植业，实现工矿区变药材区；大冶市还地桥镇运用高新技术发展智能装备制造、医疗器械、科创服务、智慧物流等高端新兴产业；宣恩县椒园镇依托特色土苗文化，发挥地域景观资源，大力发展乡村旅游产业。这些项目的产业发展态势良好。

总的来看，湖北省试点项目的进展较为顺利，从项目回访反馈的信息来看，试点中的20个项目均可按期完成。

四、试点项目助推乡村振兴的成效初显

（一）乡村"三生空间"格局得到优化

通过实施全域国土综合整治项目，进一步对区域生产、生活、生态空间进行优化调整，提高土地配置和利用效率，改善和优化生态环境，构建农田集中连片、建设用地节约集约、空间形态科学合理的国土空间利用格局。统筹开展高标

准农田建设、低效用地开发项目与节水灌溉项目，改善农业生产条件，提升耕地质量和农业综合生产能力，优化土地利用结构，提高土地利用率和农业综合效益，促进农民增收。通过加强基础设施、公共服务设施、零星村湾撤并等工程，全面提档升级乡村自然景观，凸显以自然及院落景观为核心的乡村风貌。将项目区建设成各具显著风貌特色，建筑风格统一，基础设施、公共服务设施配套完善、环境优美、和谐宜居、生活富裕、美丽文明的特色乡村。并通过存量挖潜整合、居民点腾退等方式进行村庄建设用地整理，优化农村建设用地结构和布局，保障了农村新产业新业态发展用地。从调研情况来看，20个全域国土综合整治项目，总计新增百亩的集中连片耕地超过150处；新增耕地面积超3.4万亩，耕地质量平均提升0.3~1个等级，建成高标准农田超11万亩；减少建设用地面积1.4万亩，减少农村宅基地面积超0.8万亩，解决农村一二三产业用地超2万亩；实现生活垃圾及时处理达标率95%，生活供水水量水质达标率100%，生活污水处理达标率95%。

（二）乡村自然生态环境面貌显著改观

通过实施全域国土综合整治项目，统筹推进山水林田湖草生态保护修复工程，大力推广生态产业园建设，减少化肥使用，加强病虫害防控技术。加大对废弃工矿用地复垦复绿。加强河湖环境修复治理，规范河湖沿线生活污水排放和垃圾处理，通过边坡防护、绿化工程等措施控制河湖流域水土流失，打造沿河景观。加大人居环境综合治理，通过系统建设自来水管网、排水管网，增设人工湿地、设置分类垃圾收集箱等加强空间管制保障生态、生产、生活空间的相互协调。以优化生态空间基底，提升生态系统功能，打造绿色发展底色为目标，突出生态保育和风景休憩的主体功能。从调研情况来看，20个全域国土综合整治项目，总计实现各类生态用地面积增加超过1万亩，项目区内生态环境质量均得到提升，森林、绿色矿山等生态空间进一步增加，农村人居环境质量得到明显改善。

（三）产业兴旺村民增收通道大幅拓宽

各地以实施全域国土综合整治项目为抓手，给项目区注入大量资金，以促进社会发展和环境改善和谐统一，保障生产、生活和生态的持续发展。通过增减挂钩工程、耕地"占补平衡"工程、提质改造（旱改水）工程、农田生态治理工程、河湖生态修复工程、生物多样性保护工程、村庄环境治理工程等一系列系统性工程，可以有效地增加农民就业岗位，扩大农民收入来源。通过流转土地发展种植粮油、瓜果及养殖等产业，每个合作社在种植、加工、销售等各个环节都需要大量的人员来打理和管理，亦给相当一部分当地老百姓提供了就业机会，让年轻人可以留在家乡务工，减少儿童留守现象，增加了农民幸福指数，维护了社会稳定。通过全域国土综合整治，变分散化、碎片化低效农田为标准化、规模化高标准农田，打破过去的耕作模式、生产模式，调整土地使用权属，变个体经营为"集团"经营，变分散经营为规模经营，积极推动生产关系调整，促进生产力发展，形成一家一户分散经营与规范高效市场经济的有效对接，激发农村经济活力。此外，农旅融合推动乡村振兴。通过培育乡村游、生态游、观光游、休闲游、农事体验游等产品，开发农业农村生态资源和乡村民俗文化，促进农业产业链延伸、价值链提升、增收链拓宽，促进农村产业兴旺和农民生活富裕。初步统计，调研的20个全域国土综合整治项目总计新增土地流转面积超7万亩。

（四）乡风文明生活富裕幸福感不断提升

乡风文明是乡村振兴的"引擎"。乡风文明为美丽乡村建设提供优良的人文环境，实现生态宜居；乡风文明是生活富裕的重要内涵，生活富裕不仅体现在物质生活的提升，也体现在包括乡风文明在内的精神生活的丰富。乡风文明建设是全域国土综合整治的重要组成部分，把全域国土综合整治与乡风文明建设有机结合起来，二者相向而行、良性互动、互相促进。以"乡风文明达到新高度"为目标，将乡风文明建设纳入全域国土综合整治规划，与农村产业发展、生态文明、乡村治理工作一同安排、一同部署、一同推进，突出乡风文明特色，围绕乡村的独特性和多样性，拟定乡风文明建设的具体安排，弘扬社会主义核心价值观，以此彰显地域文化特色，特别要注重历史文化名村、文物古迹、传统村落、民族村寨、传统建筑等文化遗产的保护工作，通过实施全域国土综合整治项目，可造更多的优秀传统文化、乡村精神文化活动助力乡村描绘美好未来。从20个全域国土综合整治试点项目实施情况来看，各项目均开展乡村国土绿化美化工程，生态环境提升工程、人居环境整治工程，新建、拓宽、硬化道路超300公里，村庄内外整治干净、环境优美、村内道路拓宽、乡风文明和睦。调研项目区累计搬迁集中安置上万户，生活品质大幅提升；村民人均年收入至少新增12000元，村集体平均经营性收入约为200万元，生活水平显著提高，幸福感不断提升。

第二节 乡村振兴背景下全域国土综合整治模式的分类

一、学界对国土综合整治模式的总结

土地整治作为地方主体调整乡村土地利用问题的重要手段，能够实现乡村资源整合与集约利用、改善人居环境、优化"三生空间"等多种功能，受到高度重视。近年来，地方政府积极开展全域国土综合整治的试点探索，学界对这些地方实践特色与经验进行了总结，归纳出多个视角下的国土综合整治模式。

（一）基于整治内涵的模式分类

乡村振兴战略实施以来，农村土地整治模式创新进入快车道，各地以土地整治为载体，"土地整治+"组合不断发展，出现了"土地整治+脱贫攻坚""土地整治+生态农业""土地整治+智慧农业""土地整治+村镇建设""土地整治+合作社""土地整治+信托经营"（杜俊燕、张克露，2022）等土地整治模式，这些探索发挥了土地整治"1+N"效应，充分释放了土地整治的基础平台功能，成为落实最严格的土地管理制度，助推乡村振兴的重要政策工具。

（二）基于整治机制的模式分类

从土地综合整治的实施主体和运作机制来看，国土综合整治的模式可分为"自上而下"以及"自下而上"的整治模式（王伟娜，2018）。"自上而下"模式是指以政府为主导，按照"部级监管、省负总责、市县组织实施"的原则，采取先拨款后建设的方式开展土地整治工作。"自下而上"模式是指在"部级监管、省负总责、市县组织实施"的原则下，部分地区因此探索出的以农村集体经济组织、农业经营主体、企业为主导，自筹建设进行土地整治。许多学者注意到我国的土地整治模式已由最初的政府主导模式，逐步发展到当前的政府主导、农户参与以及公私合作（PPP模式，即Public—Private—Partnership）三种模式（顾守柏，刘伟，夏菁，2015）。公私合作模式是指政府与社会资本之间，为了合作建设城市基础设施项目或者为了提供某种公共物品和服务，双方共同设计开发，共同承担风险，全过程合作，期满后将公共服务项目移交给政府的建设模式。

近年来，在社会资本参与全域国土综合整治项目建设过程中，出现了设计采购施工总承包模式（EPC模式，即Engineering－Procurement－Construction）。这一模式是指地方政府确定全域土地综合整治实施区域后，委托牵头单位组织实施的从项目区调研、项目整体策划方案编制等基础工作开始，包括乡镇国土空间总体规划和村庄规划编制审批、子项目布局、实施方案申报审批、相关工程施工设计等，一直到项目实施竣工、完工验收的全流程工作，是一种实现地方政府"抓两头、放中间"的一种高效推进模式（刘石锦，李光成，张晶，2022）。该模式能有效缓解政府财政压力、转移项目风险、让政府部门有时间集中精力对总承包企业进行监管，可以有效保证项目的落地实施，促进全域土地整治项目实施的整体性。

（三）基于整治特色的模式分类

不同项目区的资源基础、经济优势等差异较大，项目整治特色鲜明。从区域差异与地方特色视角出发，全域土地综合整治模式可分为"城乡一体"发展模式、"现代农业"引领模式、"乡村旅游"带动模式、"合村聚类"规划模式、"农田整治"保护模式以及"产业生态"融合模式（许恒周，2021）。钟天明等基于地方实践差异，将国土综合整治模式概括为"城乡一体发展型、现代农业引领型、产业生态融合型、文化旅游带动型以及农田整治保护型"等模式（钟天明、严桥来、何佑勇，2020）。何佑勇针对不同类型村庄采取差别化的整治策略和措施，区分了4种不同村庄的土地综合整治模式，如城郊融合类村庄（开展低效用地整治、郊野公园建设）、集聚提升类村庄（开展村庄改造提升、发展现代农业）、特色保护类村庄（开展特色保护修复、发展乡村旅游）、搬迁拆并类村庄（实施生态移民搬迁）（何佑勇、沈志勤、程佳，2021）。

关于土地整治模式的选择应遵循农村地域的空间差异性及发展的阶段性这一方面，主要有以下几种观点：张健从农业发展、生态环境、城乡发展角度，将江苏省土地整治模式归纳为农村居民点整治模式、环太湖河网城市带土地整治模式、适应城镇发展型土地整治模式（张健、濮励杰、蔡芳芳等，2013）；刘彦随将土地整治模式归纳为区域差异性模式、城乡一体化模式、"一整三环"模式、统筹协同决策模式（刘彦随，2018）；严金明把成都市土地管理制度创新试验中的多种模式总结为城乡用地"一张图"模式、城乡建设用地增减挂钩模式、土地综合整治模式、生态搬迁模式等（严金明、王晨，2011）。

（四）基于整治目标的模式分类

伍黎芝基于整治目标，把面向乡村振兴的全域土地综合整治实施路径分为以促进城乡要素流动为主的政府主导型模式、以发展现代农业和休闲旅游业为主的企业带动型模式和以空间治理建设美丽乡村为主的村集体自主型模式（伍黎芝，2020）。在这一分类方法下，万婷等人将全域土地综合整治助推乡村振兴的模式总结为基于城乡融合的土地整治、基于产业发展的土地整治以及基于生态建设的土地整治（万婷、张淼，2018），为我国农村土地整治、规划与管理，统筹安排农村各项土地利用活动提供了参考。

二、乡村振兴背景下的全域国土综合整治模式分类

本项目基于学界对土地整治模式的现有认知，紧扣乡村振兴战略实现的土地路径，从全域国土综合整治的核心内涵对标乡村振兴战略的总要求，先将全域国土综合整治的模式分为"基于产业兴旺的全域国土综合整治模式、基于生态宜居的全域国土综合整治模式、基于生活富裕的全域国土综合整治模式与基于和美乡村的全域国土综合整治模式"4个一级类型（参见表4-3）；再依据产业类型的差异进一步划分为"现代农业引领型、特色产业发展型、传统产业升级型、生态修复整治型、生态宜居融合型、要素激活增收型、产业融合增收型、特色文化传承型、和美村庄建设型"9个二级类型；最后结合不同项目区的区位优势和资源特色，进一步细分为19个三级类型：设施农业模式、智慧农业模式、林果产业模式、中药材产业模式、传统产业做强模式、菊花产业延伸模式、矿区生态修复模式、林区生态修复模式、湿地生态修复模式、宜居环境整治模式、宜居生态开发模式、土地资产激活模式、市场要素激活模式、新业态培育模式、城乡产业融合模式、名人文化保护模式、历史文化开发模式、特色村落保护模式、和美村落建设模式。

表4-3　全域国土综合整治的案例模式分类

模式类型			模式特征
一级类型	二级类型	三级类型	
基于产业兴旺的全域国土综合整治模式	现代农业引领型	设施农业模式	依托平原区的土地资源优势,在整治中导入高效设施农业,助推产业兴旺
		智慧农业模式	依托平原区的土地资源优势,通过高新技术,实现农业无人化、自动化、智能化
	特色产业发展型	林果产业模式	基于丘陵山区的生态资源基础,发展特色林、果产业,助推特色产业升级发展
		中药材产业模式	借势地方药材资源优势,发展中草药业,带动中医药康养、乡村旅游等新业态发展
	传统产业升级型	传统产业做强模式	依托区域传统优势产业基础,通过机械化、规模化与科技化手段,做大做强传统产业
		菊花产业延伸模式	依托菊花产业优势,通过综合化与科技化延伸产业链条,创新菊花产业新业态
基于生态宜居的全域国土综合整治模式	生态修复整治型	矿区生态修复模式	针对废弃矿区问题,进行系统性的生态修复整治,在整治中促进人与自然和谐共生
		林区生态修复模式	针对退化林区问题,在重建林地防护体系过程中,提升生态、生产与生活服务功能
		湿地生态修复模式	针对湿地退化问题,通过退耕还湿地等方式,打造多功能可持续的湿地景观体系

模式类型			模式特征
一级类型	二级类型	三级类型	
	生态宜居融合型	宜居环境整治模式	通过拆迁合并、环境整治、土地复垦与设施建设等措施，打造生态宜居村落
		宜居生态开发模式	依托村庄特色，科学规划，在综合整治过程中打造宜居、宜业、宜游的美丽村庄
基于生活富裕的全域国土综合整治模式	要素激活增收型	土地资产激活模式	在整治中通过资源优化配置，激活沉睡的各类土地资产，提升乡村低效用地效能
		市场要素激活模式	依托乡村生态产品供给优势，通过健全市场机制，优化要素配置，对接城市市场
	产业融合增收型	新业态培育模式	依托资源基础，在整治中深度挖掘资源利用潜力，对接市场需求，培育新业态
		城乡产业融合模式	依托城乡融合的区位优势，在整治中对接大城市发展需求，深度融合城乡产业
基于和美乡村的全域国土综合整治模式	特色文化传承型	名人文化保护模式	依托独特的名人文化，在整治中既发展现代农业，大力保护并开发文化产业
		历史文化开发模式	依托优秀历史文化，在整治中通过保护与新造人文景观，发展综合性文化产业

模式类型			模式特征
一级类型	二级类型	三级类型	
和美村庄建设型		特色村落保护模式	发挥村落景观特色，保护并修复传统村容村貌，传承传统文化，建设新型特色村落
		和美村落建设模式	采用新理念，通过人居环境整治、搬迁合并、激活土地要素等，建设和美新村落

第三节　基于产业兴旺的国土综合整治模式及其路径探索

一、现代农业引领型

（一）设施农业模式：孝感市孝南朱湖全域国土综合整治项目

项目概况：孝南朱湖全域国土综合整治项目地处江汉平原下游，紧邻武汉，是湖北省森林城镇，区内有享有"东方净土、湿地奇景"之美誉的朱湖湿地公园，是中华老字号"孝感米酒"工业化生产发源地，是国家地理标志保护产品"朱湖糯米"的原产地。区内存在农田分布零散，田间沟渠淤积，基础设施不完善；自然村湾规模小，布局零散，空心率高；湿地设施陈旧，水质欠佳，湿地生态旅游优势未充分发掘等问题。孝感市委六届十一次全会提出了孝感建设武汉城市圈副中心目标，构建起"主城崛起、两带协同、孝汉同城、多元支撑"区域发展布局，孝感市抢抓政策机遇，率先在全省谋划全域国土综合整治工作。2020年9月24日，孝感市孝南朱湖全域国土综合整治项目获批湖北省级试点，随后于2021年2月纳入部级试点。该项目建设规模5000多公顷，项目区涵盖朱湖农场全域范围，计划总投资11.9亿元，预计新增耕地面积339公顷，项目实施期为3年（2020—2022年）。

整治重点：①以优势农产品为核心，推动三产融合，打造全产业链现代设施农业。以朱湖糯米的品牌优势，推广"龙头企业＋合作组织＋基地农户"的产业化经营模式，构建农产品专业化的种植基地。实现农业生产物质现代化，以比较完善的生产条件、基础设施和现代化的物质装备为基础，达到提高农业生产效率的目的；广泛采用先进适用的农业科学技术、生物技术和生产模式，改善农产品的品质、降低生产成本；广泛采用先进的经营方式、管理技术和管理手段实现管理方式的现代化，打造种植、采收、深加工、销售为一体的糯稻产业链，最终形成现代农业示范基地的核心目标。②推进土地整治、农田集中连片。一方面采用土地整治工程技术，提升农田生产配套条件，建设规模化、现代化、生态化的基本农田。优化耕地布局，减少0.33公顷以下零星破碎耕地图斑54个，面积9.14公顷，通过低效残次林地开发、居民点拆旧复垦、废弃坑塘整治等措施，新增耕地215.90公顷，新增耕地占原有耕地比例为14.05％；另一方面通过改善农田水利设施，形成农田排水集中净化后排放，提高水利效率，同时降低污染。倡导绿色农田，建立农业品牌。③以农田的生态有机为导向，推广有机生产理念。利用朱湖糯米绿色食品证书和国家地理标志保护产品的优势，将朱湖糯稻建设成为具有示范意义的有机农业品牌。积极申请有机农业认证，从农田生产的有机化开始，逐步实现全产业链的有机生产。通过农田种植绿肥，用生态方式提升地力增加产能，使农田兼具景观性与功能性。

图4-1　孝南朱湖全域国土综合整治项目集中连片的耕地（刘成武　摄）

实施路径：①建立"政府主导、部门协同、上下联动、社会参与"的工作机制。孝感市委、市政府将全域国土综合整治工作纳入党委政府重点工程，主要领导直接研究、直接部署、直接过问、直接推动。孝南朱湖项目成立全域国土综合整治领导小组，建立"政府主导、部门协同、上下联动、社会参与"的工作机制，建章立制推动工作规范化，责任分工促进工作具体化，高位统筹推动确保工作长效化。孝感市政府出台《关于加快推进全域国土综合整治及耕地占补平衡项目建设的通知》《关于做实做优全域国土综合整治项目放大综合效应的通知》等文件，切实做到严控工程建设质量、强化施工监管，落实人民至上理念，加快推动项目建设、规范项目管理。②构建"土地综合整治＋乡村生态旅游"的发展模式。项目充分利用现有政策，整合交通、水利、农业等部门的涉农资金，把全域国土综合整治与推进"功能镇区、和美乡村、实力产业"三项行动、现代农业示范区建设、农旅养融合结合起来，做足"整治＋"文章。围绕湿地公园开展湿地保护与修复，构建"土地综合整治＋乡村生态旅游"的发展模式，既全面刷新乡村"颜值"又放大全域国土综合整治平台效应，大力推动了当地农村经济发展，促进乡村振兴。③整合资源优势，提供技术支持。在领导小组的统筹协调下，由投资企业、相关主管单位、属地政府、项目村组、整合资金所属部门、相关领域专家、设计单位等组成专班，坚持生态优先、绿色发展，严格保护耕地的方针，按照项目设计切合实地、符合规范、实用节俭的原则，一体设计、科学决策、精准谋划，各部门通力合作，服务于全域国土综合整治项目工作，避免人力、物力的重复投入，提高项目实施效率。④开展多元融资，创新特许经营模式。项目采用公开招标，特许经营模式，确定孝感东宇建设投资有限公司为项目投资运营主体，2021年8月30日，东宇公司与中国农业发展银行湖北省分行签订授信9亿元协议，9月24日到位资金6000万元，10月8日到位资金2亿元。截至2022年7月共计到位资金2.6亿元。此外，相关部门陆续拨款15520万元，其中农业局已配套投入1280万元，环保局已配套投入5000万元，乡村振兴局已配套投入600万元，水利湖泊局已配套投入30万元，文旅局已配套投入40万元，经信局已配套投入690万元，交通局已配套投入7500万元，电力公司已配套投入380万元。

（二）智慧农业模式:咸安区向阳湖奶牛良种场全域国土整治项目

项目概况:咸安区向阳湖奶牛良种场全域国土整治项目位于长江中游南岸。场区属亚热带区，一年四季分明，光照充足，雨量充沛。项目区内存在水环境未有效治理，生态问题日益凸显;农用地利用低效，基础设施配置不齐;建设用地集约化程度低，农村人居环境品质不佳等问题。为深入贯彻习近平生态文明思想、习近平总书记关于国家粮食安全和耕地保护的重要指示精神，咸宁市积极申报全域国土综合整治项目，最终向阳湖奶牛良种场项目入选2020年湖北省试点项目，该项目以统筹流域发展与安全为总体目标，系统开展全域国土综合整治。项目实施范围涉及咸宁向阳湖奶牛良种场渔业分场与农业分场、向阳湖镇祝垴村和咸宁市农业科学院原种场区域。总面积2521.15公顷（约3.8万亩），项目总投资约6亿元，实现新增耕地面积5211亩，退渔还湖800亩，建成4.3万平方米农产品加工场。

整治重点：①打造现代农业示范标杆。以耕地保护为重点，通过农用地综合整治，将2.2万亩农田集中连片，修复农田生态、提升耕地质量、改造发展道路、治理灌溉沟渠，解决农业面源污染问题，为项目区农业现代化发展打下坚实基础；引入北大荒集团等市场主体负责产业项目开发建设、运营维护等，打造现代农业科技示范区。②打造流域型全域国土综合整治标杆。以生态保护为核心，通过淦河、北洪港小流域综合治理以及两湖治理，守住水安全、水环境安全、粮食安全和生态安全底线，以水为纽带，统筹推进向阳湖项目农用地整治、建设用地整治、山水林田湖草沙一体化生态修复、农村人居环境整治等各类整治子项目，优化3.8万亩国土空间开发保护格局。③打造乡村振兴标杆。依托农业规模化生产，引导奶牛场居民实现"农工"到"产业工人"的蝶变，确保经营有序、农业增产、农民增收，推动乡村产业兴旺；通过开展王六咀和杨排洲美好环境与幸福生活共同缔造试点建设，改善农村自然生态和人居环境品质，转变村民生活方式，打造生态宜居乡村振兴示范区。

实施路径：①管理有班子、工作有队伍、责任到专人。向阳湖项目作为省级试点项目，省、市级领导高度重视，多次赴向阳湖项目区现场调研指导。2021年12月，咸安区委、区政府组建由区委常委、副区长任指挥长，向阳湖奶牛场党委书记任常务副指挥长，区政府办副主任任副指挥长的项目领导小组，指挥部设在一线，扎实有效推动项目建设。全面制定项目制度，包含工作制度、联席会议制度、资金管理制度、质量监督制度等。指挥部工作专班下设综合组、协调组、技术指导组和工程实施组，实行"周通报、月例会、季总结"工作机制，梳理任务清单，制定时间表与路线图，挂图作战、倒排工期、责任到人。②激励约束并举共治。对于积极配合项目建设且实施后产生新增耕地的村（场），连续五年内每年给予每亩300元的新增耕地管护费用，直接纳入项目预算。对辖区内未严格落实耕地保护政策的村庄，取消新增耕地管护费用补偿并进行约谈，形成责任清晰、激励约束并举的共治局面。③模式规范，技术科学。依据湖北省《农村地区全域国土综合整治规划设计导则》等标准规范科学编制项目规划设计及预算，确保项目整治预期目标的实现。由咸安区自然资源和规划局联合各部门、各技术服务单位组建形成技术指导工作专班，对工程问题进行技术会商，形成工程施工指导意见，安排专人每日至项目现场指导工程施工。针对项目实施过程中的重难点问题，主动对接湖北省国土整治中心和咸宁市国土整治局，积极征求上级部门和科研院校专家的指导意见，及时上报项目实施管理方案和项目验收计划，沟通工程施工标准和项目整体验收要求。④共谋共商共管，共同缔造。项目涉及利益主体和参与部门多，在区委区政府主要领导和项目指挥部的多次现场督办和专班的沟通对接下，各专班各司其职，发挥部门优势，项目实施有序推进。坚持"共谋、共建、共管、共评、共享"理念，充分发挥项目区各级党组织领导作用，尊重群众意愿，通过推进会、村湾夜话等多种形式，充分调动群众积极性，统筹协调党员群众及相关责任人开展项目全过程共谋共商共管，形成合力助推项目顺利实施。建立常态化监管机制，统一规范管理，保障项目可持续发展。

二、特色产业发展型

(一)林果产业模式：宣恩县椒园镇全域国土综合整治项目

项目概况：项目区椒园镇地处宣恩县西北部，素有"宣恩北大门"之称，是宣恩县的口子镇，位于恩施、来凤和咸丰间的三岔路口。项目区西北与恩施市毗邻，西南与晓关侗族乡相连，东北与万寨乡接壤，东南与珠山镇交界。宣恩县椒园镇黄坪村黄金梨种植面积160公顷，年产值918万元。黄金梨产业发展势头良好，已形成区域明显、优势突出的农业生产格局。但种植方式多以农户自发种植为主，未实现统一规划管理，加上受限于山区耕地碎片化、农业基础设施薄弱等因素，导致生产难以标准化，产品质量不稳定；靠高投入换取高产出，化肥和农药的使用影响了农业产品的品质；且仅限于粗加工，没有形成产业链。本项目以全域国土综合整治为抓手，优化项目区生产、生活、生态布局，主要完成农用地综合整治、建设用地综合整治、生态保护修复和环境整治、文化修缮等四项工程。项目土地整治总面积688.49公顷，整治后新增耕地面积207.36公顷。项目资金来源于企业自筹资金和银行贷款。其中宣恩仙山贡水生态农业开发有限公司自筹7930.17万元，占总投资的22.07%；银行贷款28000万元，占总投资的77.93%。

整治重点：①推动优势产业提档升级，构建以黄金梨为主导的现代特色农业版块。确保黄金梨种植面积稳中有增，积极对接二、三产业，发展以黄金梨为基础的农特产加工，鼓励本村企业积极转型，形成"种植——采摘——加工——包装——销售"于一体的产业体系，降低农产品入市成本，提高农产品的市场竞争力。利用农业产业优势，推动农产品展销与旅游结合，加大新业态新产业项目建设，发挥地域景观资源，大力发展乡村旅游。②减少化肥、农药使用，实施配方施肥，清除湿害，防御旱害，改善园区通风透光条件，增强梨树抗病能力；加大农业科技导入，增加有机肥使用，加大绿色生态产业园建设。成立黄金梨专业合作社，利用黄坪村优越的地理、气候优势大力发展黄金梨种植，不断转变村民思想，规范种植方法，拓宽销售渠道。③依托黄金梨，打造农业观光区。项目区黄金梨产业集中，具有良好的农业生态旅游的基础，融入农业观光元素，优化梨园景观，合理配套建设梨园观光步道和休息凉亭等基础设施，增加游憩功能，为人们提供观光、休闲、度假的生活性功能设施，达到生产性与观赏性兼备，实现效益互补，建设特色农业观光区，形成具有农业观光休闲功能的生态田园。

实施路径：①坚持"一盘棋"思路，集聚领导合力。成立以县长为组长、县人大常委会副主任为常务副组长、分管副县长为副组长、县直相关单位主要负责人为成员的全域国土综合整治工作领导小组，明确国土空间规划编制、农用地及闲置低效建设用地综合整治、农村环境整治和生态修复、公共空间治理"五大任务"，按照"周调度、月研判、季拉练、年考核"工作模式，统筹推进全域国土综合整治。②集聚规划合力，保障用地需求。以国土空间规划、城乡总体规划为引领，围绕"恩高宣"（恩施市、恩施高新区、宣恩县）一体化发展及"一城一湖一新区"[特色县城、双龙湖国家级旅游度假区、宣北产业新区（椒园）]城市打造思路，充分衔接县乡村三级规划和生态修复、农业、林业、旅游、产业等专项规划，将项目落实到规划中，保障用地需求，扩大椒园镇"紧连县城、毗邻恩施"区位优势和"土硒茶凉绿"资源优势。③企业自筹＋银行贷款，破解资金困境。本项目总投资估算为35930.17万元。其中工程建设费用28392.15万元，工程建设其他费用4515.16万元，预备费1645.36万元，建设期利息1377.50万元。项目资金来源于企业自筹资金和银行贷款。其中宣恩仙山贡水生态农业开发有限公司自7930.17万元，占总投资的22.07％；银行贷款28000万元，占总投资的77.93％。④分区"六大功能"，打造"两个样板"。按照产业现状、人文环境、自然资源等要素布局，划分生态产业集聚区、生态修复保护区、城乡联动衔接区、产业发展转型区、湿地保护创新区、全域旅游度假区"六大功能分区"，开展全域整治。打造"旅游度假区样板"与"富民安居样板"，促进项目区农田集中连片、建设用地集中聚集、生活空间格局优化、生态空间修复。

（二）中药材产业模式：咸宁市通城县大坪乡全域国土综合整治实施项目

项目概况：通城县大坪乡全域国土综合整治项目位于湖北省咸宁市通城县西北部，项目区包括草鞋村、南山村和来苏村。大坪乡是通城全县药材种植面积最大的乡镇，位于素有"江南药库"之称的药姑山下，境内有中草药111类，1700余种，为项目区发展中医药产业奠定基础；通城县现已建成中药材种植基地463个，总面积达6800公顷。但在项目区，这些资源没得到充分挖掘和利用，"道地药材"地方特色产业品牌尚未形成。该项目可筹措资金总额共约58809.75万元，满足计划投入资金41573.53万元的需求。中医药产业发展吸引社会资本投资约91180万元，可以推动项目区产业的可持续发展。项目新增耕地34.37公顷，新增耕地率6.2%；建设用地结余9.38公顷；村庄迁并率37.58%；拆旧复垦面积9.09公顷。

整治重点：①依托中草药，推动三产融合。项目区地处药姑山南麓，种粮效益较差，而种植中草药的效益比较明显，项目区通过大力发展中草药产业，积极引导农民参与，带领村民致富，巩固脱贫成果，打造以中草药为核心的产业融合发展示范区。通过全域国土综合整治，发展以中草药种植为主的特色产业，并逐步发展中医药康养、乡村旅游等新业态，促进农村一二三产业融合发展，确保农民持续增收。②整治农田，提高生产效率。通过全域国土综合整治，进行基本农田地块的空间置换挪腾，优化基本农田的空间布局，提高耕地的连片度；完善沟渠、机耕路等农田基础设施条件；通过小田改大田工程、高标农田建设工程、土壤改良工程，打造生态化、规模化、科技化的高标准农业发展区；提升农田土质，解决农田碎片化，增加农作物产量和质量，提高土地的利用率和生产价值。打造适度规模化的绿色有机农业产业，主导产业为水稻种植、油菜种植、中草药种植等。③发挥特色产品优势，打造中药材全产业链。通过农用地整治工程和权属调整，拆迁撤并，新建居民点；建设规模化中草药种植园；引入中医药新兴产业建设规模化的中医药种植园；发展以"隽六味"（黄精、重楼、白及、白术、金刚藤和钩藤）为主，其他适宜种植品种为辅的中药材大田种植业；形成特色产业联动区，发展以"金刚藤"为主的林下中药材种植业，做实做强以"药材"为主体的第一产业；引入中药材加工、物流贸易、乡村旅游、药膳美食、康体养生、民宿、度假休闲等项目，推动中药材产业融合发展。

实施路径：①组建专班，加强合力，聚力攻坚。市人大常委会副主任、通城县委书记亲自部署指导大坪乡全域国土综合整治申报工作，并对实施方案编制提出建设性意见。全域国土综合整治项目申报工作时间紧、任务重，县政府发文成立通城县全域国土综合整治工作领导小组，组建专班，加强合力，聚力攻坚。县政府先后8次召开部门协调会议，掌握项目情况，督办项目进度，解决项目推进过程中遇到的疑点、难点。②以中草药带动一二三产业融合发展。探索新型体制改革，助推乡村产业发展，以中草药产业巩固脱贫攻坚成果。创建中医药产业办公室、设立药姑山中医药研发中心。中草药＋业态融合：通过中草药与康养旅游、生态建设等业态深度融合，实现多渠道增收，增强乡村经济活力。在品牌建设方面，开展道地药材的推广、药材规格等级的标准化、良好农业规范基地建设等工作，提高产品附加值，提升市场竞争力。此外，探索中草药产业的多种发展模式（如"中草药＋N模式"），充分利用现代科技和管理手段，优化产业结构，推动中草药产业的高质量发展。③以村庄规划为引领，开展全域国土综合整治。结合项目区前期已经编制的村庄规划，并结合国土综合整治的要求，重新同步编制了《通城县大坪乡草鞋村、南山村、来苏村村庄规划》，村庄规划确定了项目区的空间布局、功能分区和产业发展模式，为全域国土综合整治提供了法定依据。全域国土综合整治在村庄规划的基础上开展农用地整治、建设用地整治和生态保护修复。

三、传统产业升级型

（一）传统产业做强模式：仙桃市郭河镇全域国土综合整治项目

项目概况：仙桃市位于湖北省中南部的江汉平原，东邻武汉市汉南区、蔡甸区和汉川市，西与潜江市毗邻。项目区所在的郭河镇位于仙桃市西南部，紧邻沔阳小镇，曾获"中国黄鳝名镇""湖北省乡村振兴示范乡镇"等称号。郭河镇还先后召开过全省春季农业生产现场会、全省耕地保护现场会。项目建设范围包括郭河镇姚河村、红庙村两个村，其产业具有典型的江南水乡特色，以水稻与油菜种植及农副食品加工产业为主，为加快传统农业的提质，特色种养业的发展等目标。2022年3月，通过省自然资源厅备案批准，仙桃市郭河镇全域国土综合整治项目入选为湖北省全域国土综合整治省级试点项目。项目建设规模20030.05亩，总投资1.83亿元。项目分二期建设，一期工程目前已实施完成新增耕地3591.10亩，二期工程预计2024年12月竣工。

整治重点：①根据项目区自然资源禀赋、历史文化底蕴的区位优势，结合上位规划和区域发展功能要求，以现代农业为产业发展方向，加快特色种植、生态养殖等现代农业发展，将项目区定位为乡村旅游＋现代农业型，助推"打造江汉平原试点示范，推动环排湖区域率先振兴"的建设目标。②依托环排湖生态旅游资源，以洴洲河滨水老街为基础，发挥红庙饮食文化优势，从人居环境品质优化、产业发展层次提升、景观特色体系打造三个方面着手，打造环排湖文化旅游特色村，实现"游姚河水乡，品红庙佳肴"的村庄发展定位。

实施路径：①强化多级领导，召开联席会议。2020年6月，仙桃市人民政府成立了仙桃市全域国土综合整治项目领导小组。2021年9月，项目所在地郭河镇成立了全域国土综合整治项目指挥部。由领导小组牵头，指挥部分别召开项目立项推进会、一期设计方案审查会、开工动员会等。②明确标准，规范制度。根据《省人民政府关于推进全域国土综合整治和加快推进新增工业用地"标准地"出让两个意见的通知》及省全域领导小组发布的相关文件精神，市政府听取关于推进全域国土综合整治工作的情况汇报后，确定了项目业务管理单位、同意了项目投融资主体、明确了项目建设投资标准。市全域国土综合小组办公室积极申请了全域国土综合整治项目实施方案费用的财政投资评审，以及确定了关于全域国土综合整治项目中房屋拆迁补偿的标准。③社会主体执行，政府部门监管。通过公开招投标确定仙桃市城市资源运营管理投资有限公司作为项目投资建设主体，对2022年度仙桃市郭河镇全域国土综合整治项目进行投资开发，根据省、市全域综合整治相关支持政策，因地制宜导入和配套优势产业，招引农业种养、乡村旅游等项目。仙桃市城市资源运营管理投资有限公司负责项目的投资等工作，市场化运作、自负盈亏，并接受仙桃市全域国土综合整治领导小组及办公室和政府相关部门的监管。按报省自然资源厅备案项目清单和实施方案，委托项目所在地乡镇政府代建代管项目工程，分批分期启动实施。④多方融资，组合还款。仙桃市城市资源运营管理投资有限公司筹资19.21亿元对仙桃市全域国土综合整治项目进行投资开发，其中2022年度仙桃市郭河镇全域国土综合整治项目1.83亿元。

仙桃市城市资源运营管理投资有限公司融资贷款2022年5月9日经省农发行审批通过，首期授信金额6.5亿元，采用项目经营性收入＋股东综合收益补贴的组合方式还款，包括预留产业用地出租收入、返包倒租收入等。⑤全过程多级监管。建立了村、镇、市三级质量监管加专业中介监管机构（监理单位、审计单位和工程复核单位）。并组织了现场监理、业主代表、投资代表、设计代表的专班成员常驻项目区，做好现场服务，保障设计方案各项建设工程有效落地，做到全体农户满意。⑥政策保障，全力推进。根据仙桃市委市政府关于仙桃市全域国土综合整治项目费有关会议精神，仙桃市全域国土综合整治领导小组办公室印发了《仙桃市全域国土整治实施试点方案》《仙桃市全域国土整治实施管理办法》《仙桃市全域国土整治项目规划设计变更管理暂行办法》《仙桃市全域国土整治项目资金管理细则》《仙桃市国土综合整治发展基金（专户）资金管理办法》《仙桃市全域国土整治新增指标管理暂行办法》《仙桃市全域国土综合整治领导小组办公室关于进一步明确工作职责强化项目组织管理的通知》等系列通知。

（二）菊花产业延伸模式:麻城市黄土岗镇全域国土综合整治项目

项目概况：黄土岗镇地处麻城市北部山区，是湖北、安徽、河南三省交通关口，也是著名的"中国菊花之乡"，其盛产的福白菊与杭白菊、江苏盐城白菊并列成为中国三大知名白菊品牌。麻城市黄土岗镇全域国土综合整治项目于2019年启动申报，2020年纳入省、部两级试点项目，项目总投资6.76亿元。项目区总面积3534公顷，涉及黄土岗镇的张家墩村、洪家河村、伍家河村、刘家岩村、土城村5个行政村，项目实施期限为2020年12月至2023年12月。麻城市黄土岗镇是麻城市菊花产业融合发展示范园所在地，也是"国家级农村产业融合发展示范园"的核心区，菊花一二三产业基本实现了全产业链发展，产业发展的短板是第二产业滞后和第三产业功能不完善，菊花产品加工主要停留在初加工层面，药用、食用、健康价值挖掘不够。且项目区田块破碎、耕地聚集度较差；耕地抛荒现象多，集约化程度偏低。此外，还有农资滥用、耕地质量受损、维护管理不到位等问题，部分灌溉设施老化，菊花种植带的建设缺乏适度规模、设施配套较好的耕地做支撑，阻碍其现代化发展。

整治重点：①依托菊花产业，推动三产融合。项目围绕菊花产业，积极植入新技术、延伸产业链、拓展菊花多种功能，壮大第二产业，拓展第三产业功能，引导菊花产业走多业态复合型融合发展之路。增强菊花产业精深加工能力，进一步开拓销售渠道，扩大园区的示范带动能力，继续做大麻城菊花市场，以产业链延伸、功能拓展、新技术渗透为核心，打造价值型、创意型、成长型菊花发展模式。②发展"菊花＋"模式，延长产业链。继续加强与高校科研院所的产品研发合作，深入研究菊花药理保健功能，加强成果转化应用，开发出更多高附加值的菊花衍生产品。坚持"菊花＋"的融合发展理念，按照"菊花＋精深加工""菊花＋健康养生"等招商思路，积极"走出去，请进来"，重点瞄准菊花大型食品加工企业、制药企业以及化妆品企业，引导菊花产业联盟发展，加大招商引资力度，力争取得突破。发挥示范园"菊花＋会展"的优势，扩大麻城福白菊的品牌影响力，"以展带销"扩大销量和附加值，进行"教科研、种加销、食赏游"全产业链发展。以"菊花＋互联网"的方式，扩大市场覆盖面，对接国内外市场，做到"买全国、卖全国"，放大产地"集聚效应"，打造品牌优势。③建立标准化种植示范片区，大力开展技术培训。在全镇范围积极推广嫩枝扦插技术，推行标准化种植，逐步解决菊花种植结构不够合理、产品科技含量不够高等问题，突破菊花产业发展瓶颈，提升菊花整体种植水平。引导农户发展高附加值观赏菊花种植。

实施路径：①政府主导、相关部门配合。先后制定了项目实施工作联席会议制度、工程建设指挥部管理工作制度、全域国土综合整治项目财务管理制度等一系列规章制度，落实相关部门责任，明确项目运行管理机制，为项目的实施提供制度保障。以现有的各项试点政策为依据，广泛研究，集思广益，组织各行各业领导和专家为项目推进"出点子、找路子"，并聘请专业律师作为项目法律顾问全程参与规划设计、工程施工和后期管护，制定完善各项工作管理制度，积极探索推进项目顺利实施的有效途径。②提供相关服务，优化企业发展环境。麻城市委、市政府实施"五朵金花"特色产业战略，着力打造"鲜花经济"，出台了《麻城市菊花产业基金奖补标准及考核办法》等一系列文件，配套土地、农业和产业服务平台等相关项目实施扶持，还设立了菊花产业发展专项资金，麻城市政府每年拿出500多万元对菊花生产的龙头企业、示范合作社、专业村和种植大户实行奖补。创新开发"菊保贷"金融产品，累计发放扶贫小额信贷6.32亿元。组建了麻城菊花产业协会和菊花企业发展联盟，及时为企业、合作社提供市场行情、价格信息和产业政策等服务。③创新农民权益保障和利益联结机制。项目区在产业发展过程中，以农户受益，促农增收为根本出发点和落脚点，不断优化利益联结机制，充分发挥政府的引导作用，龙头企业的辐射和带动作用，极大激发农户的自主性，多渠道、多方面保障参与园区建设和产业发展的主体利益，特别是在保障农户及贫困户利益方面。积极推进园区与企业、合作社、农户之间构建多种利益联结机制和合作机制，主要包括产业融合主体培育机制、股份合作机制、资本合作机制以及经营模式探索机制。

第四节 基于生态宜居的全域国土综合整治模式及其路径探索

一、生态修复整治型

（一）矿区生态修复模式：鄂州市鄂城区汀祖镇全域国土综合整治项目

项目概况：鄂州市位于湖北省东部，长江中游南岸，鄂城区汀祖镇矿产资源丰富，被誉为"鄂东南矿冶之乡"。当地矿产资源丰富，长期以来经济发展以矿业为主，多年的采矿、选矿活动给该地的生态环境造成了较大破坏，水体污染、自然植被消失、地质灾害等问题较为严重，且存在耕地保护利用碎片化、村庄建设无序化、生产生活生态空间布局散乱、生态环境退化等问题。随着矿产资源逐渐枯竭，经济发展亟待转型。鄂州市2020年申报汀祖镇全域国土综合整治项目，经批准纳入了2020年度省级试点。汀祖镇全域国土综合整治项目涵盖全镇19个行政村，项目区总面积为7618.32公顷，2021年8月，鄂城区城市建设投资有限公司与湖北省乡村振兴投资发展有限公司共同出资成立湖北长投鄂城建设投资有限公司，负责项目投融资、建设、运营等，预计投资5.1亿元，实施期限为2020年至2025年。项目主要实施农用地综合整治、建设用地综合整治、产业配套设施建设及生态修复和环境整治四大工程。其中废弃矿山修复整治154.54公顷，新增土壤污染综合防治95.8公顷，新增森林覆盖率0.22%。

整治重点：①开展矿山生态修复与整治工程。矿山生态修复与整治工程拟对刘显村、刘云村、董胜村、丁祖村、丁坳村、吴堉村和岳石洪村的154.54公顷废弃工矿用地进行整治，地块个数36个，废弃矿山复垦项目依据《鄂州市土地整治规划（2011—2020年）》投资资金测算内容，废弃矿山复垦项目资金预计6954.26万元。主要从矿山土壤基质改良、土壤污染修复、矿山边坡治理、生态景观重建、矿山梯田改造、矿山排蓄水配套、矿山道路配套等方面对矿山生态进行修复与整治。具体整治内容为：矿山边坡治理工程——修建边坡治理挡土墙工程（6米以下）3000米。矿山梯田改造工程——废弃厂房设备拆除7400立方米，场地平整40公顷，客土回填24万立方米。生态景观重建工程——种植景观树7500株。矿山排蓄水工程——修建排洪沟8000米，修建渠道7000米，修建拦水坝20座，修建涵管80座。矿山道路工程——硬化水泥路5000米，修建田间道10000米，修建错车道25条。②通过"国土综合整治+"，建设"三生一体"的田园综合体。以全域国土综合整治为手段，转变过去矿山黑色经济，向生态绿色经济产业转型，打造生态宜居乡村美、产业兴旺生活富的新样板。把生态修复放在优先位置，按照"建设用地规模不扩大、耕地面积有增加、耕地质量有提升、生态红线不突破"的要求，统筹推进山水林田湖草全要素综合治理和系统治理，随着矿山修复、土壤修复、地灾治理和矿山复垦子项的开展，废弃矿山得以修整、复绿，初步形成生态环境和生态经济良性互动的生态建设保障体系，实现生态效益、经济效益、社会效益"三赢"。

实施路径：①各部门协同共抓机制。高度重视全域国土综合整治工作，成立由主要领导任组长、县相关部门组成的全域国土综合整治领导小组。在工作方式上，形成由领导小组综合负责、协调，区相关部门给予技术、资金等方面的支持，乡镇具体负责实施的机制。区、镇土地行政管理部门认真落实土地国土综合整治实施指标，制定土地整治年度实施计划，将指标分解落实到具体项目和责任单位。定期开展综合整治实施效果评价，不断改进总结，保证全域国土综合整治实施效果。②多元融资，招商引资。湖北乡投集团作为社会投资方与鄂城区汀祖镇人民政府签订项目投资协议，并与鄂城区城市建设投资有限公司共同出资成立湖北乡投（鄂城）农业发展有限公司，负责项目投融资、建设、运营。此外，乡投（鄂城）公司还配合地方政府开展招商引资工作，安排约4000万元项目资金用于岳石洪村景观节点及旅游配套设施建设。2022年该子项已开工建设，因此吸引而来的12家社会投资主体也同步开工建设，吸引投资约1.2亿元。③创新"政银企"合作机制。为破解汀祖全域项目资金瓶颈，区政府建立了"政府引导、部门协作、企业投入、社会参与"的多元化投融资机制。截至目前，项目累计完成产值1.14亿元，占总项目中投资额的24.28%。同时，项目建设单位乡投（鄂城）公司已与中国农业发展银行鄂州分行达成融资意向，并获得农发行湖北省分行贷款授信3.5亿元。

（二）林区生态修复模式：麻城市福田河镇全域国土综合整治项目

项目概况：麻城市福田河镇全域国土综合整治项目包括纯阳山、杜家河、金家边、枫树庙、燕窝地、桠枫树6个行政村。项目总面积7161.62公顷，投资6.85亿元，其中农用地综合整治0.61亿元，建设用地综合整治2.08亿元，生态保护修复和环境整治1.43亿元，新产业新业态重点项目2.73亿元。该项目位于麻城正北部山区，其基本地形特征是"七山一水二分田"，林地5402.11公顷（乔木林地5129.90公顷，竹林地0.67公顷，灌木林地0.83公顷，其他林地270.71公顷）。举水、纯阳大峡谷等处自然景观资源丰富，森林覆盖率高，但是生态防护体系不完善，田、村林网建设滞后，低效林有待升级开发。项目区局部山体开挖利用造成了景观破坏、地质灾害、水土污染等一系列生态环境问题。通过全域国土综合整治项目预计新增生态用地面积34.88公顷，生态用地比例提高率0.49%。

整治重点：①建设体系完备的农田防护林生态系统，遏制生态破坏问题。改善农业生产的气候、水分、土壤等自然环境，为农作物生长营造适宜的生态环境。麻城市福田河镇的6个低效林改生态林项目，建设规模35公顷，通过对项目区内宜林的低效疏林地进行生态整治，将其改造为生态林，增加项目区生态用地面积和森林植被覆盖率。项目计划投资438.61万元，资金来源于自筹资金，计划2023年实施总任务的50%，2024年实施总任务的50%。项目将残次低效林地恢复为生态林地，改造面积34.88公顷，森林覆盖率≥74%。②修复林区生态环境，打造生态旅游产业。项目所在的纯阳山村入选国家2019年度国家森林乡村名单，纯阳山生态恢复区位于项目区西部纯阳山区域，面积5138公顷，国土空间规划方向为限制建设区。要求做好封山育林工作，采取半封闭或全封闭的模式，针对一些阔叶树种或灌木树种进行松土和除草等管理，保障其生长；做好补植补造工作，定期对公益林中的弱势苗木进行清除，防止其过分吸收营养，然后再补植补造适宜种树。解决森林防火带、生态修复与恢复问题，构建项目区生态库。重点安排低效林改造、水土流失治理、森林防火隔离带建设项目等，以全面恢复纯阳山自然生态环境功能，使纯阳山生态环境监测范围达到100%。建立纯阳山生态安全应急系统，实现生态系统的良性循环。打造纯阳山生态旅游产业，全域打造生态农业观光，发展特色旅游产业。

实施路径：①政府主导、部门配合。福田河镇和相关部门紧紧围绕市委、市政府确定的发展目标，将全域国土综合整治作为麻城实现可持续发展和乡村振兴战略的重要抓手，统筹国土整治、高标准农田建设、农田水利、农村道路、美丽乡村、文化旅游、生态恢复保护、精准脱贫等涉农项目，实现用途衔接，功能互补，提升涉农政策综合效果和资金使用综合效益。②运用现代信息技术，搭建全域国土综合整治监管系统。充分运用遥感航拍和地理信息技术，建立全域国土综合整治项目"一个库"，建立指标与资金管理"一本账"，依托国土空间基础信息平台，整合与全域国土综合整治相关的现状数据、规划数据、管理数据、社会经济类数据等，搭建全域国土综合整治监管系统，设计"一张图"应用、规划管理、项目管理、综合评价、监测预警和统计分析等功能，建立全域国土综合整治监管系统，实现项目"落图落地"，实现全域国土综合整治项目从立项、审批、实施、验收全流程信息化管控。③发挥财政资金的引导作用，鼓励金融和社会资本参与。建立严格的资金模式，探索通过公私合营、特许经营、项目回购、政府购买服务、投管理制度和规范的财务管理制度发挥财政资金的引导作用，鼓励金融和社会资本参与，合理利用指标调剂收益，确保项目资金平衡。积极推广公私合作补助等多种途径，吸引企业、投资者，鼓励和引导社会资本参与投入。强化生态保护修复资金的预算管理，将国土综合整治试点项目投入作为政府财政支出的重点内容之一，建立生态保护修复投资稳定增长机制，重点支持生态保护与修复基础设施运营管理。

(三)湿地生态修复模式：潜江市龙湾镇全域国土综合整治项目、广水市余店镇全域国土综合整治项目

项目概况：①潜江市龙湾镇全域国土综合整治项目地处潜江市西南部，于2020年立项并纳入2020年度省级试点项目名单。涉及龙湾镇陶新村、三合村、和平村、农科所、龙湾渔场5个行政村，建设总投资4.52亿元，建设规模面积14405.6亩，占补平衡复垦面积3350亩（全部为水田），新增耕地率23.25%。境内冯家湖面积广大，但由于产业发展，被开发为了大规模的鱼塘，湖水生态环境遭到破坏；同时有房屋、畜禽养殖棚侵占湖泊岸线；堤防矮小、单薄、隐患多，防洪能力不足十年一遇；湖泊污染源复杂，湖区居民生活污水、农业种植污水、畜禽养殖污染等；湖泊水体水质状况较差、呈中度富营养化。故项目区开展了生态保护修复和环境整治工程进行湿地整治，已完成冯家湖退池还湖面积4800亩，安置渔民75户，建设环湖生态绿道9公里。②广水市余店镇全域国土综合整治项

目位于广水市西北部，属低山丘陵地带，项目区总面积3373.79公顷，包含8个行政村。项目区内的余店河现状淤塞严重、十年九旱，水体富营养化现象严重，水网未成体系，水体利用效率不高，为解决上述问题，项目区开展了流域综合治理进行湿地生态修复。

整治重点：①开展退池还湖生态修复工程。对围湖开挖养鱼养虾，湖水生态遭到严重破坏的冯家湖进行生态修复、渔民安置及周边水系水环境治理，恢复湖区面积4800亩，安置渔民75户。②开展农村人居环境整治工程。对1300余户居民建筑进行房屋立面整治和房前屋后美化绿化亮化，为项目区配套党群服务中心，新建休闲活动广场，农村公益性公墓建设，形成独具风格、特色鲜明的乡村环境。③开展农用地复垦。整治废弃坑塘和残次林地，新增耕地面积3350余亩，提升了项目区土地节约集约利用水平。④开展道路综合整治工程。建设冯家湖环湖生态绿道9公里，扩宽升级乡村主干道18公里，对20公里村组通道路进行生态景观化改造，全力打造龙白公路发展轴。⑤开展流域综合整治。广水市余店镇项目坚持目标导向和问题导向相结合，针对流域上、中、下游不同的特点和问题，制定有侧重、差异化的综合性修复措施，从而开展更精准的整治工作。统筹考虑上下游、干支流、左右岸的水安全、水环境、水生态、水景观以及游憩功能的复合，以系统整治将治水与促产、美城等相结合。

实施路径：①多措施共管，厚植全域国土综合整治基础。潜江市政府出台《关于推进全域国土综合整治的实施意见》，印发《全域国土综合整治项目实施管理办法》，成立潜江市全域国土综合整治和生态修复工作领导小组，由市委副书记、市长任组长，市委常委、常务副市长任副组长，相关部门主要负责人为成员。领导小组下设办公室，办公室设在市自然资源和规划局，负责项目立项、实施、验收等具体业务指导、督办监督工作。先后召开工作部署会、联席会、协调推进会30多次，研究整治政策，解决推进中存在问题。②多渠道共筹，保障全域国土综合整治资金。项目经多渠道筹措资金4.52亿元，确保项目顺利实施。一是金融资本融资。二是统筹涉农资金。三是市级财政投入。③多层次参与，突出全域国土综合整治特色。潜江市政府建立了"镇＋村＋部门＋项目单位"规划编制调研工作小组。在村庄规划编制过程中，始终将村民意愿贯穿在调研、规划编制等环节，组织召开试点村党员会、村民代表会、村民会议，并在村委会设立规划编制意见箱，广泛征求群众意见，收到意见200多条。④多项目共建，拓展全域国土综合整治功能。通过开展农用地、建设用地、生态用地综合整治，实现了生态、生产和生活空间的进一步优化。一是开展退池还湖生态修复工程。二是开展农村人居环境整治工程。三是开展农用地复垦。四是开展道路综合整治工程。⑤运用现代信息技术，推进整治工作。广水市余店镇项目聘请专业团队对项目区通过无人机大范围、高分辨率地采集地面信息，形成正射影像，并生成数字高程模型，辅助设计人员全面熟悉地形，提高规划及勘察工作的效率和安全性。设计中以用地指标为核心，建立"多规合一"底板，通过规划管控要素分解，实时掌握整治区域工程实施和建设的动态情况，保障各项规划传导衔接，及时优化增量、盘活存量、节余流转。在节水灌溉子项中，积极推进智慧灌溉技术，建立田间工作站，引进智能化监测设备，为后期招商引资打好基础。为方便村庄管理，金盘村率先建立"云上村落"数字化乡村管理系统，对村内户数、人口、产值税收、就业岗位、国土资源、特色产业、历史文化等进行一体化管理，让数字化更好赋能乡村治理。

二、生态宜居融合型

（一）宜居环境整治模式：荆州市荆州区八岭山镇全域国土综合整治项目

项目概况：项目区位于荆州区西北部，是荆州市的后花园和北大门，山水田林资源丰富，社会基础较好，综合整治潜力大，在农产品、人文和旅游等方面具有明显的区域特色。但项目区还存在基础设施不完善，自然村湾规模小、布局零散，空心率高，配套设施陈旧、生态旅游优势未充分发掘等问题。故项目区抓住机会精心筹划，成功入选为全域国土综合整治试点项目。2021年1月，《自然资源部办公厅关于印发全域土地综合整治试点名单的通知》，确定荆州区八岭山镇为20个国家级试点乡镇之一。项目涉及铜岭村（含茶场、林场）、杨场村（含杨场居委会）5个（村、场），总面积3.5万亩，整治区面积1.9万亩，其中总耕地面积1.2万亩，其中整治区耕地面积0.9万亩，涉及村庄拆迁集并、农田综合整治、耕地占补平衡、村庄环境整治等建设内容，估算总投资1.08亿元，通过统筹整合各部门涉农资金、金融资本融资等方式多渠道筹措资金1.09亿元。项目一期工程已经完成90%。包含农田生态整治工程、耕地占补平衡工程、村庄拆迁集并工程、村庄环境整治工程。二期工程目前已经完成30%。包含农田生态整治工程、耕地占补平衡工程、村庄拆迁集并工程。

整治重点：①实现美好环境与幸福生活共同缔造。通过实施拆并型村湾复垦、村湾环境综合整治、村湾基础设施建设、村湾污水治理、立面改造、粉刷、绿化等，建设土地利用节约、生态宜居村湾。全面开展"厕所革命"、污水处理、垃圾无害化处理，统一安装晾晒架，改善农村人居环境。开展志愿服务积分兑换活动，促使居民共同建设项目。②推进休闲旅游设施配套建设，提升村庄综合服务能力。抓紧建设马跑泉稻香文化园、丰收米业扩规等社会投资项目。扩大恒荣梅园、浅山森林美术园影响力；结合八宝茶场优势、茶文化资源禀赋，打造茶文化、历史、乡村振兴、旅游全面发展的综合性茶旅融合示范区，提升村民生活水平，建设村民与游客服务中心、公共卫生间及文创商店、室外铺装、茶园整治、景观池塘等。

实施路径：①政府高度重视，成立组织机构。成立全域国土综合整治领导小组，建立"政府主导、部门协同、上下联动、社会参与"的工作机制，建章立制推动工作规范化，责任分工促进工作具体化，高位统筹推动工作长效化。切实做到严控工程建设质量、强化施工监管，加快项目建设、规范项目管理。②探索多项创新机制。积极探索"集体＋村民＋社会资本"的土地资源流转机制；建立农村宅基地收储机制；探索"资金池"机制。将财政资金、村镇资金、社会资本、产业资本等集聚集中，探索建立"资金池"；探索集体经济组织纳入项目管理机制。探索将村集体纳入项目管理，发挥群众主体作用，自主建设幸福美丽新村机制。③建立荆州区国土综合整治项目实施后评价体系。实施后评价对重大工程实施片区的选取、设计、施工、验收和资金管理等一系列环节将起到积极的促进作用。强化宣传，提高群众参与意识，将项目管护与农村集体经济利益和农民切身利益相结合，增强群众管护的主动性和责任感；项目竣工后及时移交给当地乡镇政府，由乡镇政府成立后期管护小组，形成群众自我保护为主，乡镇政府定期监督检查的管护机制；根据"谁承包、谁管护、谁受益、谁维修、谁损坏、谁赔偿"的原则，层层签订管护协议，明确管护的目标、责任和义务。④构建全域国土综合整治信息化管理平台。覆盖项目立项、规划、施工和验收管理过程中的各类数据，实现项目全流程监管。对项目数据进行叠加分析、多图联动、现场辅助、项目预警、三维分析、综合查询及与各系统对接，实现效能统计、业务统计、多条件复杂查询以及项目的规划与计划费用查询等多种类型的查询统计功能，通过统计图表直观展现规划实施情况，对建设项目审批进行统一的监督管理。将项目立项、规划、施工和验收信息分阶段导入，保持与部系统一致模板，保证导出数据的准确性。实现与部系统对接，打破原始系统之间的隔离状态，改变原始的人工誊抄模式，在提高办公效率的同时，也保证数据的准确性。

（二）宜居生态开发模式：应城市杨河镇全域国土综合整治项目

项目概况：应城市杨河镇全域国土综合整治项目区位于应城市东北部杨河镇东南角，地势平坦，总面积2181.85公顷，包括上杨村、川江村、马堰村、聂程村、下王村、三湾村、田祠村和土陂村8个行政村，共2294户10110人。项目区总面积2181.85公顷，建设工期为3年（2020年至2022年），估算总投资43492.88万元。通过全域国土综合整治拟新增耕地面积98.32公顷，项目区涉及转出永久基本农田17.55公顷，主要用于综合整治中漳河景观提升、基础设施配套、集中安置工程。应城市作为丘陵与江汉平原的过渡地带，具备目前平原地区农村所具备的典型特性，主要依赖第一产业，城镇化的大力推进致使大部分精壮劳动力选择外出务工，导致出现"空心村"现象，并且还存在老龄化、环境杂乱差、绿化布局不完善、田园文化不传承等一系列的问题，亟待整治。

整治重点：①按照"村庄披绿、沿路造绿、庭院添绿"的要求，着力提升村庄绿化水平，依托美丽乡村建设和示范村建设，进行低效用地再开发，并全面开展村庄环境整治，以绿色为底色，筑牢项目区生态基础，全力打造宜居、宜业、宜游的美丽示范村庄。②进行人居环境整治，建设美丽乡村。通过生活垃圾收运处置、无害化卫生厕所改造、村庄绿化系统完善、当家塘的生态化改造、畜禽养殖污水处理、河湖整治与生态保护修复等方面进行综合整治，提升其景观，改善村容村貌，达到"一条道路两路风景、一个村庄三季有花、一条河流四季洁美"的建设效果，提升项目区村庄环境水平和人居生活环境质量。③保留村庄风貌，建设特色村落。通过搬迁集并，拆除复垦范围内地上建筑物及构筑物，将零散的居民点向基础设施齐全的中心组团集并，并对保留区通过建筑风貌改造、基础设施提升、村景美化、夜景亮化等工程改造提升；整体建筑色彩以白墙黑瓦为基调，以体现传统的荆楚派居民特色，加强保护规划区内具有历史文化价值的街巷，将农耕文化融入村庄规划，将田园景观引入村庄组团，保留乡土气息；整治现有公共活动空间，通过地面铺装，配置广告橱窗、阅报栏、旗杆、灯具等方式完善场地功能，设置体现乡土气息的村庄小品，形成集田园风光与高品质田园生活于一体的新型农民社区。

实施路径：①政府研究部署，成立领导小组。由应城市人民政府牵头，组织自然资源和规划、水利、林业、环保、交通、农业等部门，成立"2020年度应城市杨河镇全域国土综合整治项目"实施工作领导小组，领导小组下设办公室和规划设计专班、质量监督专班、工程招标专班、应急处置专班。明确各专班的工作职责，分工协作，责任到人，为本次国土综合整治项目的顺利实施提供了强有力的组织保障。②村民自治与农民利益共享保障。为充分落实《省人民政府批转省自然资源厅关于推进全域国土综合整治和加快推进新增工业用地"标准地"出让两个意见的通知》文件精神，构建农民权益保障和利益共享机制，强化村民自治，坚持民事民议、民事民办、民事民管。应城市政府制定了《关于农民权益保障和利益共享机制构建的实施方案》，项目区涉及的8个村也都建立了村民自治制度，保障他们的知情权、参与权、表达权和监督权，鼓励农民根据全域国土综合整治项目实施方案，规范有序参与工程实施。③建立机制，确保效益。应城市杨河镇全域国土综合整治项目资金整合工作要在项目实施领导小组的统一领导下，由市财政局牵头，建立起一整套科学完善的资金整合工作机制，推行项目公示制、工程合同制，提高整合工作运行效益，保证整个项目任务全面完成。同时，制定优惠政策，吸引民间、企业和银行等各方资金，扩大整合资金范围，形成现代农业生产发展的强大合力，促进农村社会经济全面发展。

第五节　基于生活富裕的全域国土综合整治模式及其路径探索

一、要素激活增收型

（一）土地资产激活模式:鄂城区汀祖镇全域国土综合整治项目

项目概况：鄂城区汀祖镇全域国土综合整治项目区靠近武鄂黄城区，地理位置优越，交通便利，发展空间较大。项目区目前仍以矿产资源加工为主，但已有企业开始参与到区域分工之中，如部分铸钢企业直接面向武钢进行产品定制生产，有条件向资源深加工方向发展。随着光谷东中小企业城开始建设，汀祖镇得益于区位条件的改善，新兴产业将得到进一步发展。

整治重点：①发挥区位优势，激活土地资产。依托鄂州湖北国际物流核心枢纽、石桥水库和白雉山、东方山、四峰山旅游带等一系列影响力，立足于生态环境和自然资源的优势，重点发展生鲜冷链物流、生物医药、精密机械制造等产业，推动冷链专用仓库等基础设施建设，提供生鲜供应链服务；发挥航空港高效通达的交通和平台优势，积极推动航空文旅产业发展；打造物流航空港、产城融合发展区、先进制造引领区、航空物流集聚区、综合服务创新区。②在镇域北部（主要包括凤凰村、桂花村、汀祖村），依托鄂州新机场（湖北国际物流核心枢纽）发展生鲜冷链物流产业，打造新型工业园区。明确"一体两翼，两引擎"的产业发展方向，将依托枢纽项目，大力发展高新技术产业和高端服务业。同时，大力引进、发展飞机维修改装、航空物流、冷链物流、保税商贸、跨境电商、大数据、供应链管理服务等生产性服务业，以及航空制造、电子信息、临空医疗、医疗设备、互联网健康管理等临空产业。③在镇域东侧，武鄂高速以东区域（主要包括刘畈村、王边村），依托靠近黄石的良好地理区位，发展商贸物流产业，形成产业集聚效应带动周边区域发展。以现代生产性服务业为主体，大物流、大数据双引擎驱动；医疗健康、智慧制造两翼发展，可直接配套鄂州现有电商、医疗健康、生物医药、光电信息、智能制造等产业，还能促进关联产业延伸发展，实现区域产业间的协作和辐射。

实施路径：①成立领导小组，组建工作专班。为了保证项目按规划顺利实施，拟由鄂城区人民政府组织区自然资源、财政、水利、发改委、农业、民政、环保等部门，成立领导小组，负责整治项目工作中重大事项的决策，研究制定相关措施。区自然资源局组建工作专班，编制项目实施方案，由管理人员、工程技术人员、财务人员组成实施专班，全面负责审定整治方案及实施和管理工作。区自然资源局负责编制农村土地整治项目实施方案以及土地整理复垦设计方案，同时负责组织编制和实施乡镇、村庄规划，加强新村建设的规划和设计指导。②建立规划设计先行机制。汀祖全域项目在施工前，进行科学的全域规划设计。项目建设内容包括：农用地综合整治（高标准农田建设、低效园林草整治、耕地提质改造）、建设用地整治（农村宅基地整治、工矿废弃地整治、其他低效闲置建设用地整理）及乡村生态保护修复和环境整治等。③积极开展规划实施评价。定期开展综合整治实施效果评价，对工程质量、工程进度、资金使用等进行监管，不断改进总结，保证全域国土综合整治实施效果。定期开展对规划实施效果的评价，总结方案实施中的经验和教训，提出改进工作的建议，作为进一步加强方案实施的依据。针对全区处于经济大发展、空间大调整的新阶段，对方案的预期性指标，应通过评估及时进行修正，增强方案实施的可操作性和适应性。

（二）市场要素激活模式：荆门市沙洋县沈集镇全域国土综合整治项目

项目概况：沙洋县沈集镇全域国土综合整治项目区位于沈集镇西北部，西南紧邻荆门市麻城镇，北边与钟祥市石牌镇相接，东与沈集镇郑岗村、柴岗村和沈集社区居委会相邻，东南接乐山村。项目区包括彭堰村、双庙村和帅店村3个行政村，总面积2611.89公顷，农用地综合整治规模618.92公顷，新增耕地96.87公顷，建设用地综合整治100.07公顷，新增耕地29.85公顷。项目区拟投入资金43139万元，其中，政府整合各部门涉农资金3627万元，社会资本资金投入39512万元，其中，村民自筹2800万元，政策性融资36712万元，实施期限为三年。项目区以第一产业为主，农业合作社数量8个；第二产业主要以石膏加工为主。该项目区存在对市场把握不精准，城乡设施配套不完善等问题，乡村旅游、农业观光等处于起步阶段。

整治重点：①推进农业多样化发展，促进农旅融合。农业多样化发展是农业4.0时代的重要特征。农业4.0时代，以大数据、物联网、人工智能等现代科技为基础，致力于提高农业生产效率和资源利用率，实现精准农业和智慧农业。农业多样化则是依托现代农业发展的关键手段，通过实现农业的三产化，进而对乡村土地进行景观化和生态化的开发利用；通过现代农业的发展和乡村景观建设，将农业种植业与农业观光、农业体验、创意林旅等项目结合起来，以龙头企业带动农业多样化发展，打造沙洋县城郊型第一、第三产业融合发展示范区。②根据村庄产业发展特色，进行农用地综合整治和建设用地整治。一是根据项目区内特色产业发展，推进生产基础设施配套建设，探索绿色农业的全产业链模式，推动现代农业和智慧产业的融合发展。二是提高农村一二三产业融合发展，同步推进低效农用地整治和建设用地盘活工程，以农业为基本依托，通过产业联动、要素集聚、技术渗透、体制创新等方式，使农业生产、农产品加工和销售、餐饮、休闲以及其他服务业有机地整合在一起，实现农业产业链延伸、产业范围扩展和农民增收，强化用地的多功能开发利用，提高农村活力。三是深入推进现代农业发展，大力推进高标准基本农田建设和低效农用地整治，提升农业生产效率，搭建"互联网＋农业"平台，增强村庄自我造血功能，推广种养结合等新型农作制度，大力发展精致高效农业，扩大无公害农产品、绿色食品、有机食品生产，发展农耕文化体验、生态农业景观观光、果蔬采摘体验等产业，以农耕文化为底蕴和平台，以城乡融合为依托，以农业多样化发展为支撑，创新产品形态和运营模式，策划具有生态性、文化性、体验性的乡土风情旅游观光、体验活动，吸引城市客源。③以"整治+农耕文化"模式，促进城乡有机融合。有序退出农村宅基地，开展耕作层表土剥离再利用和工矿废弃地复垦，创新产品形态和运营模式。将农业种植业与农业观光、农业体验、创意林旅等项目结合起来，以农耕文化体验园建设为重点，发展农耕文化体验、生态农业景观观光、果蔬采摘体验等产业。在乐山坡水库区域，适当发展生态农业、农业旅游和湿地观光旅游；依托自然生态资源实现"旅游+"农业的有机融合，规划滨水休闲度假、湿地景区、滨水漫步道、滨水民宿等项目，积极推动乡村生态旅游。

实施路径：①建立事权清晰、分工明确、行为规范、运转协调的工作机制。自然资源主管部门要高度重视综合整治的组织实施，采取切实可行的措施，加强与农业农村局、交通运输局、水利和湖泊局、财政局和生态环境分局等部门的沟通协调及紧密合作，切实落实各项任务，对项目实施过程中出现的问题及时组织研究解决，有计划地实施全域综合整治项目。强化与村庄规划、新农村建设规划、产业发展规划、生态建设与保护规划、水利和交通等规划的衔接，严格规划实施，确保土地综合整治工作有计划、有步骤地进行，进一步提升项目区国土综合整治活力。②建立项目实施全周期的动态监测机制。充分利用遥感监测和专家审查的办法，动态监测国土综合整治项目的全过程，强化对规划实施进展情况的跟踪，及时全面掌握项目建设与管理的具体情况，发现和解决工作中存在的问题。国土综合整治项目竣工后，建立"群众管护、村组负责、自然资源巡查、政府督查"的项目后期管护机制，明确相关部门、单位和个人的责任和权利。③构建全民参与机制。充分衔接村庄规划空间布局优化、新农村建设任务以及新兴产业发展特色，积极鼓励全民参与。通过村民宣传教育，落实耕地被保护、动态巡查、土地权属调整、矛盾纠纷等日常管理工作，动员调动项目区群众积极参与到农用地综合整治、村庄建设、生态保护修复和环境整治以及农村产业发展中来，充分利用农民的力量来获取信息，完善项目区配套基础设施和公共基础服务设施，按照整体推进的规划要求，以达到耕地增加、用地节约、布局优化的目标，将国土综合整治的一般事项落实到村级基层层面上。

二、产业融合增收型

（一）新业态培育模式：襄阳市保康县马桥镇全域国土综合整治项目

项目概况：马桥镇，地处保康县西部。行政区域总面积479.46平方千米。具有毗邻神农架的区位优势，高速直达项目区的交通优势，生态修复矿山、变矿区为景区的项目特色优势。2019年申报省级全域国土综合整治项目的通知下发后，保康县委、县政府高度重视，抢抓申报机遇。于2020年9月，马桥镇全域国土综合整治项目被省全域国土综合整治领导小组办公室确定为试点项目。项目区空间结构为"一轴""两带""三区"。一轴：粉清河旅游发展轴，两带：尧治河—林川国家绿色矿山产业带、白竹头—横溪养生中药材产业带，三区：磷矿重镇综合服务区、尧矿神峡生态矿旅区、高山养生药材种植区。主要建设内容包括农用地综合整治、建设用地综合整治、生态保护修复和环境整治、产业发展基础设施配套等42个子项目，项目总投资9.04亿元，总面积24694.67公顷，涵盖尧治河村、堰垭村、黄龙观村、中坪村等19个行政村。

整治重点：①实施矿山修复，打造生态矿旅区，引入新产业。通过实施水土治理、植被恢复、废旧矿洞修复等工程，绿色生态恢复率达92%以上。将高山露天废弃矿山整治为高山休闲观光综合场，将废弃矿洞整治为大型地下恒温食用菌培育基地，既减少了占地，又利用了废地，实现了经济效益和生态效益的双赢。②矿旅融合，发展高山养生药旅产业。将废弃矿山改造成苍术育苗基地和种植基地并与生态建设、乡村旅游、健康养老等产业深度融合，促进中医药健康服务业的发展。采取"公司＋合作社＋基地＋农户"的模式，通过公司的订单引导农民发展中药材种植，并提供种苗供应、技术指导和产品销售等全过程帮扶，维护药旅产业发展。

实施路径：①成立指导小组，建强工作机构专抓。成立马桥镇全域综合整治试点项目指挥部，县委书记任第一指挥长、县长任指挥长，指挥部办公室设在项目区所在地马桥镇。抽调专人，集中办公，安排一名县领导牵头办公室工作，发挥总牵头、总协调、总抓手作用，协调推进试点项目各相关工作。指挥部办公室和有关部门制定工作清单，明确部门责任，落实制度建设，形成项目实施合力。并实行责任到人、挂图作战，倒排工期，确保试点项目的顺利推进。②公开招标社会资本。保康县认真贯彻落实相关政策意见，论证社会资本参与模式，通过比较招商引资模式、邀请招标、政府采购模式、EPC模式，最终确定公开招标引进社会资本，中标公司在保康县城成立分公司，在项目区马桥镇设立项目部，和县全域国土综合指挥部办公室合署办公，加快推进项目实施。③鼓励集体资金参与。在全域国土综合整治中，保康县切实加大宣传力度，广泛宣传发动，鼓励项目区内19个村主动参与，最后予以资金奖补。尧治河村、黄龙观村、中坪村、堰垭村、横溪村等村不等不靠，利用村集体经济雄厚优势，各村主动出资，积极参与项目建设，不断加快了项目实施进度，三界洞天、矿洞食用菌、黄龙观生态修复、横溪药材等项目相继竣工。2022年年底，县政府对尧治河村兑现了1000万元的资金奖补。

（二）城乡产业融合模式：黄石大冶市还地桥镇全域国土综合整治项目

项目概况：项目区还地桥镇位于湖北省黄石市大冶市西北部，地处武汉"1+8"城市圈和光谷科创大走廊，系武汉、黄石、鄂州等大中型城市战略交通要道，是大冶市工业重镇，是黄石临空经济区全面对接光谷科创大走廊及鄂州国际临空港的重要节点，是大冶市对接武汉市的桥头堡。目前项目区资源型产业比重大，产业可持续性较差；第三产业发展滞后，物流成本高且缺乏劳动力；旅游、电商、服务业与产业发展衔接不紧密，资源不能高效赋能，各类产业急需要寻求新的发展路径。依靠全域国土综合整治项目，对全镇进行全域规划、整体设计、综合整治，统筹各类产业和生产、生活、生态空间布局，实行农田综合整治、生态环境保护、基础设施建设，有效解决乡村地区耕地碎片化、空间布局无序化、资源利用低效化、生态质量局部退化等问题。同时通过功能导向性区划，进行聚集规划，达到保障新兴产业发展用地，统筹产业发展空间，构建生产高效、生活方便、生态宜居的综合型临空区格局，促进城乡融合发展。项目区涉及31个行政村和2个社区，土地总面积15350.56公顷，总耕地面积6799.82公顷，新增耕地528.81公顷，总新增耕地率为7.78%。拟投资245164万元，项目实施期限为2020年12月至2023年11月。

整治重点：①以全域国土综合整治为重要抓手，以对接武汉为突破口，以发展临空产业经济区为重要契机，围绕智能制造业建设还地桥两个现代工业园。形成具有特色的智能制造产业集群。通过产业的凝聚、升级转型，生产空间的增加及生产活力的释放，积极扶持龙头企业，提升产品竞争力。②发挥区位优势，打造融合发展区。项目区依托黄石临空经济区等上位规划部署，将产业发展定位为

"高端智能制造产业、科技服务产业、现代设施农业和智能仓储物流产业、农业旅游与工业旅游"的集"科、工、农、贸、旅"于一体的产业融合发展试验区。在现有产业的基础上,重点发展高端智能制造业,突出新基建的智能制造,规划智能装备制造、光电子信息、生命健康、新材料等,发展智慧冷链物流仓储设备、智慧家居设备、智慧小型农机具、农产品加工等,各门类相互支撑,形成临空智能制造集群。依托机场高速,发挥区位优势,结合还地桥南北工业园和设施农业及特色林果业,建设还地桥智慧仓储物流园,实现分拣、识别、转运等物流操作自动化、网络化、可视化、实时化,发展智慧物流产业。③以科创岛、现代设施蔬菜产业示范园、都市花卉产业示范园、特色林果产业示范园、南北工业园实现产业旅游;在镇区东部矿山公园、西北部的保安湖和三山湖建设环湖绿道和人工湿地公园,在葫芦山建设环山绿道和登山步道,实现生态环境与康养旅游;以镇区为中心建设未来乡村社区,以南北工业园为发展基础建设现代工业人家,以葫芦山为中心建设城乡两栖康养社区,以科创岛为中心建设科技人文智慧社区,以现代设施蔬菜产业示范园和都市花卉产业示范园为基础建设未来农业家园,实现未来城乡旅居游乐。

实施路径:①"六个到位"保障项目顺利开展。组织领导到位,强化国土综合整治领导小组的作用,实施"政府正职领导亲自挂帅、分管副职全权负责、涉及单位统一协作"的工作机制;宣传发动到位,通过多种渠道,开展大冶市国土综合整治政策宣传,调动项目区广大干群参与的积极性;规划引领到位,全面摸清土地整治开发底数和潜力,谋好"三张图",编制村土地利用总体规划;标准执行到位,严格按照《湖北省人民政府关于推进农村国土综合整治和生态修复的意见》文件精神和上级有关要求,高质高效完成试点工作;政策制定到位,制定符合实际的一系列配套的政策、制度、规范,有序推进大冶市国土综合整治工作;部门协调整体联动到位,积极整合部门力量,整合有关项目资金,整合相关政策,创新项目推进机制。②整合项目资金,拓宽融资渠道。项目采取整合项目资金的方法筹措工程建设资金。整合中央、省、市财政安排的所有资金,包括跨部门、跨行业性质和用途相近的资金。重点整合农业产业发展类、农村基础设施建设类涉农资金,围绕优势主导产业和基础设施发展需要,按照集中连片、产业园区优先的原则,搭建整合资金平台,将各级财政安排的基础设施建设资金、产业发展资金捆绑使用,形成资金的合力,整合财政资金46620万元。③鼓励村民自治,创新开展"土地共治"。依托还地桥丰富的自然资源和别具特色的旅游资源优势，采用村集体牵头、社会资本协作、村民入股的方式进行项目管理，签订"环境入股"协议，利用自然资源资产入股，以村集体分红收益的形式实现农民利益共享。通过构建村集体、投资商和农民利益联结机制，带动农民持续稳定增收。

第六节　基于和美乡村建设的全域国土综合整治模式及其路径探索

一、特色文化传承型

（一）名人文化保护模式：咸宁市咸安区向阳湖奶牛良种场全域国土综合整治项目

项目概况：向阳湖镇位于咸宁市咸安区城郊，地处嘉鱼、赤壁、江夏三县（市、区）交界处。项目涉及向阳湖奶牛良种场的渔业分场与农业分场、向阳湖镇祝塙村与咸宁市农业科学院原种场。项目区文化底蕴深厚，著名的向阳湖文化名人旧址坐落于项目区内的向阳湖奶牛场，包括文化部"五七干校"校部旧址，由文化名人亲手修建的89栋房屋以及红旗桥、向阳桥。项目区旅游产业前景广阔，但现阶段文化旅游资源未被有效利用，旅游产业发展相对滞后。该项目于2020年9月被确认为省级试点项目，由区经发集团香城生态建设有限公司投资建设，项目分两年实施，2023年10月完工。项目区总投资52880.18万元，重点实施农用地整治、建设用地整治和生态保护修复，对闲置低效、生态退化及环境破坏的区域实施国土空间综合治理。项目实施面积2533公顷，重点实施120公顷乡村国土绿化美化、486公顷农村环境整治和生态保护修复。

整治重点：①以名人文化为基底，打造综合型度假区。通过水上游线及陆上游线串联名人旧址、文化研究院、文创基地等节点，打造汇集文化创意、名人展示、教育实践等功能的名人文化博览园。进一步大力开发向阳湖名人文化资源，重视发展向阳湖名人文化产业，不断提升其竞争力，真正把向阳湖文化打造成知名文化品牌，融"湿地游憩、文化体验、乡村游览、田园居住"四大体验，具"游览、休闲、度假、康养、创意产业"五大功能，形成商业商务、度假、休闲、康养为一体的综合型度假区。②以生态保护为前提，在保护好现有生态资源的基础上，进行合理的开发利用，融入湿地观光、滨水度假等功能，以"湿地文化"

打造湿地水乡。针对王家寨湖进行生态修复，实施水环境生态修复工程、开展河湖水环境治理、生态廊道修复、滨河景观提升工程。规划以生态驳岸设计、生态防洪设计、水体环境改善、污水管制、沿岸植被缓冲带等技术手段，营造一处融合生态保育、湿地观光、滨水度假等功能于一体的湿地水乡。③以向阳湖文化名人旧址为载体，深入挖掘向阳湖名人文化，全方位还原昔日名人在此生产生活的场景，并结合区内丰厚的水资源，以"文化旅游＋湿地水乡"的发展思路，通过水上游线及陆上游线共同打造集文化创意、名人展示、教育实践等功能的名人文化博览园。

实施路径：①建立"政府正职领导挂帅、分管副职负责、相关单位协作"的工作机制，组建向阳湖全域国土综合整治领导小组，成立省级试点项目指挥部，设立9大工作专班，形成"政府正职领导亲自挂帅、分管副职全权负责、相关单位统一协作"工作机制，打造"立项——设计——管理——监督"项目设计、施工管理模式，保证工程质量和资金安全。对各相关单位工作任务实行清单式交办，落实"周通报、月例会、季总结"工作制度，确保项目顺利稳步推进。②统筹使用各项涉农资金，提高项目资金使用效益。充分发挥国土综合整治项目的平台作用，实现自然资源、发改、水利、农业农村、交通等各项涉农资金以及社会资金的整合利用。使有限的资金资源集中应用于完善农村基础设施、提升耕地质量和数量、提高农业生产能力，促进美丽乡村建设和现代农业发展。针对各归口资金的用途，充分利用"全域统筹"国土综合整治模式的平台作用，在规划设计中对各归口资金的用途进行充分考虑，一方面避免重复建设，造成资金浪费；另一方面实现资金利用的整体性，充分用好区财政和市财政两项资金，提高投资效益，提升国土综合整治的综合效果。③形成"发展规划管总、分项工程设计、融入实施要求"的设计思路。以实施方案为蓝本完成项目规划设计，形成"发展规划管总、分项工程设计、融入实施要求"设计思路，编制完成项目道路、稻梦空间与乡村渔业基地、水田垦造、农田水利配套、河道整治等工程初步设计方案，并组织专家评审，避免实施方案和项目规划设计"两张皮"。做好美丽乡村建设、农村扶贫、农业综合开发、生态修复、农村建设用地整理等多项工作，全面提高田间整治和村庄整治的深度，实施精细化整治。

（二）历史文化开发模式：荆州市荆州区八岭山镇全域国土综合整治项目

项目概况：八岭山风景优美，林木葱郁，山岭逶迤，是山岳型自然风景与历史文物古迹于一体的旅游胜地。八岭山镇有全国重点文物保护单位1处，湖北省、荆州市级文物保护单位10处，碑刻1处，市级非物质文化遗产1项，区级5项。还具有规模庞大的八岭山古墓群。山中古墓密集，大型封土堆古墓葬就有498座，无封土堆古墓不计其数，其中以楚墓居多。据史书记载："楚庄王葬于古龙山。前后陪葬十冢，皆成行列。"此冢高大似山，陪冢成行，位于八岭山中部的平头冢亦为八岭山特大封土堆古墓。名将关羽与八岭镇同样也渊源颇深，八岭镇铜铃村的名字由来可追溯至三国时期，关羽练兵不息，赤兔马项上铜铃掉落成岭而得名铜铃岗，后改为铜岭村。

整治重点：①保护古文化遗产、发掘楚文化资源。荆州市将八岭山高等级贵族墓群整合到楚纪南城遗址、熊家冢国家考古遗址公园以及中国楚文化博物馆中，形成一个以楚文化为核心的文化旅游示范区。项目区则依托楚文化打造荆州郊野公园示范区，预计每年吸引大量游客，促进当地旅游业的发展。这不仅提升了八岭山镇的知名度，也为当地居民提供了更多的就业机会。②根植历史文化，发展多元业态。充分挖掘关羽练兵历史、红色村史，建造村史馆并在此基础上发展乡村旅游，建设集自驾运动营地、农业研学旅游基地、花卉观光景区于一体的综合性度假村。发展铜岭岗蔬菜主题公园、七彩花都、恒荣梅园等休闲旅游产业。

实施路径：①科技投入推动生态环境优化。遵循生态系统中物种共生与循环再生的原理和景观生态学以及系统工程等理论，实行工程措施与生物措施、化学措施、农耕农艺措施相结合，如下田坡道设计、天然工料应用设计；组织科技人员推广生态农业实用技术，如杂交良种、地膜覆盖、规范栽培、耕制改革及水土保持综合技术等小流域综合治理技术；建立工程建设环境影响评价与监测，促进自然生态景观保护和生态平衡。②推行"五个一"机制，成立八岭山全域国土综合整治项目指挥部，指挥部设在铜铃村，根据"一个项目、一名领导、一套人马、一个标准、一抓到底"项目责任制，每项重点工作、每个重大子项目建立工作专班落实推进，将项目责任落到具体人头上，将项目进度落到具体节点上，实行挂图作战，红绿灯制管理，变"责任单"为"责任链"，用"责任制"激活"责任人"，"以责任推动落实、以落实检验责任"，确保各项决策部署落到实处，各项任务指标按时完成。采取"一周一协调、一月一调度"的方式，把各项任务抓深抓细，确保精准有效落实。每周召开一次协调会，对推进工作情况进行综合分析，找出问题根源，列出问题清单、责任清单，解决问题的时间节点，采取有效措施解决问题。每月召开一次专题会议，对重点工作和重大项目推进工作情况进行综合调度，进一步分析问题、解决问题，并根据需要增加项目涉及的设计单位、施工单位、监理单位参加。重点分析主要指标完成情况和子项目推进情况，协调解决有关问题，安排部署下阶段工作。

二、和美村庄建设型

（一）特色村落保护模式：广水市余店镇全域国土综合整治项目

项目概况：项目区位于余店镇东南部，包含卢畈村、古城村、王家冲村、金盘村、双楼村、英姿寨村、白雀村、豹子岭村8个行政村。总面积3373.79公顷，现有耕地面积1231.41公顷，整治后新增耕地256.13公顷。预计总投资41567万元，项目实施期为2020年至2023年。项目区拥有独特的农特产品——余店"三白"（白茄子、白黄瓜、大白菜，为地理标志保护产品）生产基地优势，靠近余店镇政府驻地，已建设的"花田故事"与"实实在在"现代农业生产基地已初具规模和影响力，为项目区发展生态农业、乡村旅游与康养产业打下一定基础。项目区住宅用地面积190.96公顷，占土地总面积的5.66%，部分宅基地建设用地浪费，土地利用效率不高；村道路不配套，等级低，没有形成网络体系，导致生产生活不方便，亟待整治。项目依据各村湾组分布和新农村布局建设，进行村庄的拆旧集并，优化宅基地空间布局，促进农村人口向集并点集中，优化建设用地的空间布局，达成集约利用建设用地的目标。

整治重点：①以"花田故事"生产基地为基础，打造田园村落。以田园休闲康养为建设核心，将原古城畈102户具有历史特色的老房子"修旧如旧"，通过艺术景观设计和新业态整合复兴乡村，打造集生态农业、休闲康养、田园社区于一体的艺术田园村落。依据各村湾组分布和新农村布局建设，进行村庄拆旧集并，优化宅基地空间布局，促进农村人口向集并点集中，优化建设用地的空间布局，达成集约利用建设用地的目标。按照美丽乡村建设的要求，明确环境保护目标，协调建设用地与生态环境保护的关系。②进行村庄集并，完善基础设施。利用公众参与机制，采集村民对集并点的选址意见，结合意见进行实地考察地理位置、水土条件、交通便利程度等因素，八村共确立17个集并点，并在其周边配置基础设施和公共设施用地，面积为17.26公顷。项目区特意保留古城村古城畈村落具有传统文化价值和地域特色的建筑物102户，进行"修旧如旧"，对传统民居进行保护修复，并且进行基础设施配套建设，提升居住条件。主要布置农村居民点及其配套基础设施、公共服务设施。农村居民点经"搬迁并点"实现土地的集约利用，由集并点承担农村人口居住及生活服务功能，并且能够优化农村人口的居住生活条件。统筹完善村庄建设区水、电、路、绿化以及垃圾处理、污水处理等基础设施的建设，设置生活服务、医疗卫生、文化宣传相关的配套公共服务设施。明确传统民居、文物古迹和纪念性建筑、古树名木等历史文化遗迹的保护和利用措施，保护村容村貌。

实施路径：①建立多级联动协作工作机制。建立广水市委、市政府主要领导为核心、各部门分管领导、乡镇领导、村委领导组成的推进国土综合整治联动工作领导小组，以自然资源和规划局、农业农村局、交通运输局、环境局、应急局等部门业务人员和乡镇、村人员组成工作联络组，加强市、镇、村和相关部门间的沟通和联络。召开会议对村组代表进行动员，规划团队定期召开小组会议进行技术培训。定期召开村内专题会议，及时解决村民提出的关于全域国土综合整治过程遇到的问题，切实让村民参与到项目中来，了解村民真正需求，明白村民真实想法，不断优化全域整治实施路径和政策，确保整治工作的顺利推进。②加强统筹有效聚合资金，引导多元投资融资。探索土地整治市场化资金运作模式，建立多元化的土地整治投融资渠道，形成以政府资金为主导，吸引社会资金投入的土地整治资金保障体系。引导商业银行按空间功能定位调整区域信贷投向，积极探索开放性国土综合整治、经营性国土综合整治和股份制国土综合整治方式，鼓励社会企业投入和农户投资投劳，促进国土综合整治产业化、市场化和规范化；开设耕地开垦专项账户和基本农田保护与建设专项账户；按照项目区的空间功能定位，鼓励引导民间资本投资。③创新管理制度，提出"四守原则"。余店镇政府提出坚持"四守原则"理念，即"守人、守田、守房、守责"。守人，即项目实施期间严格限制外来人口投机迁入项目区享受建房政策，避免产生不必要的纠纷，给项目实施带来麻烦；守田，为保证项目能够顺利实施，严禁项目区村民提前将土地、山场、堰塘等进行随意流转；守房，一是杜绝项目区村民在项目实施期间私自建房，避免造成农户不必要的损失，二是杜绝投机人员借项目建设之机投机购房，避免对项目的实施造成不必要的阻力；守责，为保证项目顺利实施，要求八村两委村干部都要从讲政治、讲大局、讲担当的高度承担起自己的责任，确保项目落地落细。

(二)和美村落建设模式:安陆市木梓乡全域国土综合整治项目

项目概况:安陆市地处桐柏山、大洪山余脉的丘陵与江汉平原北部交汇地带,是重要的鄂北咽喉,中原门户。木梓乡地处安陆市西南部,孝感市西北部,区位优越,交通便捷。项目区位于武汉城市圈、鄂西生态文化旅游圈、大别山革命老区经济社会发展试验区三个不同战略圈层的叠加区域中。项目区产业主要包括种植优质稻、小麦、茶叶、油料、艾蒿、马铃薯、双孢菇、瓜果等农作物,以及企业服装生产加工,此外还建有大片光伏发电。项目区的乡村休闲农业也开始起步,项目区王河村引进了绿世界生态公司,目前以采摘体验为主;双杨村依托幸福水库发展休闲垂钓,吸引周边游客众多。该项目于2022年入选省级全域国土综合整治项目,计划2022年至2025年完成,拟投资79602.59万元,规划重点建设项目23个,计划分三阶段叠加交叉实施,期限为三年。

整治重点:①优化空间格局。项目区地貌以低山丘陵地形为主,村庄布局较为分散,乡村空间格局优化主要体现在两个方面,一是村庄居民点布局、道路交通的优化,二是居民点内部格局的优化。以全域国土综合整治为发展契机,推进村庄规划编制和项目落地,根据产业发展方式的不同,对村庄居民点、道路交通进行布局优化,实现村庄建设用地减量化。结合产业发展和农业生产经营方式转型,对各村庄保留或扩建型居民点进行人居环境整治和乡村景观重塑,维护村庄肌理。②集散结合的乡村人居环境改善。根据项目区居民点分布现状、农业生产发展条件及生态保护的要求,对部分分散农村居民点进行集中搬迁安置,提升公共服务设施和基础设施的配套;对部分保留的居民点从乡村垃圾集中处置,生物型污水处置设施配备,乡村绿化水平提升等方面改善农村人居环境。③补齐基础设施及公共服务设施短板。项目区交通便利,通村道路和村内道路体系完善,但是村内部分道路建设质量不高,仍为碎石路、土路等,并存在道路不连贯等问题,通过乡村道路拓宽、硬化等措施,统筹布局乡村综合服务站、乡村休闲广场、生活垃圾处理设施、生活污水生物处置设施等,补齐基础设施及公共服务设施短板。④改善乡村生态环境。项目区内畜禽养殖和农业生产排放的固体废物、废水以及生活污水等已经超过工业和城镇生活排放量,成为不可忽视的重大污染源,生活污染、农业面源污染随地表径流长期汇集,导致水库水体污染水环境恶化。通过全域国土综合整治项目,对项目区内的河流、水库、大型坑塘水面进行水生态修复和治理，改善水生态环境，对项目区整治居民点增加无动力污水处理设施、垃圾收集设施，全面改善乡村生态环境。⑤振兴乡村产业。立足本地资源条件，通过全域国土综合整治，推进农田集中连片，围绕"整治＋现代农业"的方式推进农业规模化种植（养殖），以龙头农业企业为引领，发展生态循环农业，建立生态循环种养示范区，同时引导种田大户、农业生产合作社等农业新型经营主体参与适当规模的农业生产，引导农业生产经营方式转变和农业产业项目落地，推动乡村产业振兴。

实施路径：①高位调度，强化统筹联动机制。市委、市政府高度重视，成立了市委书记、市长任指挥长的全域国土综合整治项目指挥部，建立了权责清晰、协调通畅、决策稳慎、管理规范的联动工作机制。市委书记、市长多次现场专题调度项目进展，现场协调解决了项目资金保障、拆旧复垦、拆迁安置等多项疑难问题。指挥部下设综合协调组、拆迁安置组、规划设计及工程建设组、信访维稳组、项目招商组。②优化"以奖代补"，激励评优评先。市人民政府按《2022年度安陆市木梓乡全域国土综合整治项目专项奖补资金实施方案》对2022年度安陆市木梓乡全域国土综合整治项目中积极参与项目建设的单位予以财政奖补。计划2023年至2025年投入3500万元。根据项目建设进度情况，每年进行梯式式补贴。③工程总承包，强化责任主体。项目采用EPC模式，安陆市人民政府授权安陆市自然资源和规划局为2022年度安陆市木梓乡全域国土综合整治项目的实施主体，并经安陆市人民政府批准，通过公开招标方式确定安陆涢盛生态环保有限公司作为实施本项目投融资、建设、运营、维护、管理及移交的主体。④多元融合，拓宽资金渠道。项目区的资金来源主要有：政府财政投入、各部门涉农资金、社会资本资金。通过搭建政、银、企合作平台，引进金融和社会资本参与，构建多元化投融资机制。通过深化政、银、企合作平台，不断拓宽项目资金投入渠道。⑤多方参与，全周期动态监管。项目管理严格按照《市人民政府办公室关于印发〈安陆市木梓乡全域国土综合整治项目项目建设管理办法〉等四个文件的通知》文件中有关文件要求执行，形成了政府监督、第三方监理和跟踪审计、群众参与的多方监管体系，保证了项目按计划推进实施。⑥权责清晰，运转协调。建立党建引领的村民自治机制。在不改变村现行行政体系的前提下，按照"因地制宜、有利发展、群众自愿、便于组织、规模适度"的原则，建立工作片，将农村管理模式由"镇—村—村小组"调整为"镇—村—工作片—村小组"。金港村在实践中建立的"七会三队一社"制度引导村民在全域国土综合整治项目中的参与性，激发了群众内生动力。建立健全多主体共同责任制度。木梓乡全域国土综合整治项目由政府、社会、村集体和村民共同参与，按照《安陆市木梓乡全域国土综合整治项目建设管理办法》中的职责划分明确了政府各个相关主管部门、村集体和村民的责任范围。

第五章　湖北省全域国土综合整治助推乡村振兴的经验与不足

第一节　全域国土综合整治助推乡村振兴的案例经验

一、系统谋划，分类探索

（一）规划引领，政策跟进

党的十八大以来，在习近平生态文明思想的指导下，湖北省委省政府高度重视乡村振兴背景下的全域国土综合整治工作，积极推动传统单一农田整治向综合整治转型升级，把国土综合整治作为服务生态文明建设、乡村振兴和县域经济发展的重要平台。先后通过《关于推进全域国土综合整治的意见》《关于申报全域国土综合整治项目的通知》《关于加强全域国土综合整治试点项目实施管理的通知》《深化自然资源管理改革服务高质量发展的若干措施的通知》《关于开展全域国土综合整治助推美好环境与幸福生活共同缔造试点的实施方案》《湖北省全域国土综合整治"十四五"规划》等文件，对新时代全域国土综合整治工作进行整体部署，并规划了一批全域国土综合整治重点工程（参见表5-1）。

表5-1　湖北省"十四五"时期全域国土综合整治重点工程一览表

序号	工程分类标准	工程名称
1	按地域类型分类	三峡库区历史遗留矿山全域国土综合整治工程
2		丹江口库区历史遗留矿山全域国土综合整治工程
3		鄂西南武陵山区历史遗留矿山全域国土综合整治工程
4		鄂中北历史遗留矿山全域国土综合整治工程
5		鄂东北大别山区历史遗留矿山全域国土综合整治工程
6		鄂东南幕阜山区历史遗留矿山全域国土综合整治工程
7		鄂西北秦巴山区历史遗留矿山全域国土综合整治工程
8		江汉平原历史遗留矿山全域国土综合整治工程
9	按工程功能分类	城乡融合全域国土综合整治工程
10		开发园区全域国土综合整治工程
11		农业现代化全域国土综合整治工程

（二）因地制宜，分类试点

按照2022年中央一号文件要求，湖北省国土整治中心坚持"稳中求进"工作总基调，立足新发展阶段，贯彻新发展理念，构建新发展格局，积极稳妥、规范有序推进全域土地综合整治试点建设。在查找主要问题、分析形势要求、确定工作导向的基础上，明确了全域国土综合整治的主要目标、重点任务、重点方向及重点工程（参见表6-1）。采取部、省、县（市）三级试点的方法，对都市毗邻区、城乡接合部、江汉平原区、低丘岗地区、鄂西山区、废弃矿区等不同地域类型的全域国土综合整治工作进行试点探索。这些基于省情的差异化分类试点，为湖北省全面推进国土综合整治工作积累了经验，为乡村振兴提供了差异化的参考模式。

二、领导"挂帅"，专班推进

（一）政府主导，领导"挂帅"

全域国土综合整治项目是一个系统性工程，涉及范围较广、内容众多，各级政府高度重视，组织专班，主导统筹协调各相关部门，做好组织管理和制度建设，并进行监督考核，保障全域国土综合整治项目的圆满完成。各级政府在全域国土综合整治工作过程中，深刻认识到全域国土综合整治是优化国土空间布局、再造乡村生产生活生态空间的重要契机，是解决耕地破碎化问题、转型现代农业发展、助推乡村振兴的关键抓手。在实际工作中将思想与行动统一起来，把全域国土综合整治纳入党委政府重点工程，主要领导直接研究、直接部署、直接过问、直接推动，这为项目实施提供了组织保障。

(二)部门协同，专班推进

全域国土综合整治项目是一个综合性工程项目，要统筹自然资源、发改、水利、林业、住建、农业农村、环境、文化和旅游、交通、乡镇政府等众多部门，统一由省、市、州、县（区）政府成立领导小组，进行统一协调，保障项目顺利推进。首先将所有项目进行分类，形成项目库；其次明确各项目管理部门，根据各部门职责，将整体项目库拆分至各部门，由县级全域国土综合整治项目领导小组进行项目进度监督、质量监督，以及后期管护监督，并通过部门协同，整合各部门近期计划实施项目和投入资金；最后，项目指挥部统筹安排，项目专班及时跟进，采取限期实施、质量监控、督查评比等方法，快速有效推进项目进程。

(三)企业核心，多元参与

在全域国土综合整治过程中，企业既是项目投资方，也是项目建设者、运营者和管理者，处在核心地位。例如湖北在全域国土综合整治实践中，构建了"政府把方向、银行保资金、企业管建设"的工作机制，其中企业作为项目推进的关键主体，在项目融资、工程建设、产业导入与项目运营等关键环节发挥了重要作用。所以，在全域国土综合整治过程中，保障企业的合法收益，引导更多社会主体积极参与项目建设，也就显得非常重要。

在实践中，用足用好耕地"占补平衡"、城乡建设用地增减挂钩、废弃矿山复垦利用等政策，按照"谁投入、谁受益"的原则，保障企业利益，积极撬动金融和社会资本参与。同时，鼓励各类社会主体参与生态保护修复和投资建设高标准农田、生态公益林等，对集中连片开展国土整治达到一定规模的经营主体，允许其在合法合规、坚持节约集约用地的前提下，在相关政策允许范围内从事旅游、康养、体育、设施农业等产业开发。

三、研究创新,技术支撑

（一）依托平台团队,加强基础理论研究

以自然资源部江汉平原一体化国土整治修复湖北科研工作站为核心,面向生态修复和国土综合整治的重大需求,创新开展基础研究工作。采用"处室负责、市州参与、专家支撑"的工作机制,集聚多方智慧。具体基础研究包括:在国土空间治理背景下推动全域国土综合整治,综合运用两统一职能促进全域国土综合整治;针对长江经济带背景下的武汉城市圈进行国土综合整治与生态修复;探索乡村振兴背景下的国土综合整治路径分析;在"双碳"背景下诊断和修复长江经济带受损空间,实现固碳目标;优化沿江山水林田湖草一体化治理模式。

（二）把控关键环节,提供专业技术支撑

全域国土综合整治涉及要素多、整治内涵丰富,工程综合复杂。在"项目策划、立项审批、规划设计、工程实施、项目验收、效益评价"等关键环节,都需要专业性的技术支撑。在项目策划与立项审批阶段,"借智"高校院所研究团队,开展竞争性立项申报,在充分论证、客观评价的基础上,遴选最具优势的试点项目;在规划设计阶段依托高水平的规划设计公司,在入驻并充分了解项目区的基础上,精准设计、科学规划;在工程实施阶段,基于生态学原理,按照业界规范标准,绿色施工。

（三）构建现代信息规划管理体系,加强科技互联和协同支撑

一方面,充分利用现代科学技术成果,将"一张图"工程与全域国土综合整治工作深度融合,强化科技管理和科学管理的理念,完善信息化监控和保障机制。通过构建信息管理平台对全域国土整治衍生的社会和生态环境问题,如土地弃耕、低效利用、土地退化、土壤侵蚀、水土流失等进行定量和动态监测,分析其变化机制和规律,为合理开展全域国土综合整治提供科学依据。建立省级全域国土综合整治监测监管平台,实施监测指挥,确保项目规划高质量实施,形成规划、实施、验收、监管全过程统一管理体系。另一方面,建立纵向联动、横向协同、互联互通的全域国土综合整治共享服务平台,为全域国土综合整治项目的实时监管提供有效支撑。建设"大平台、大数据、大系统",建立物理分散、逻辑集中、资源共享、政企互联的规划政务信息资源大数据体系,加快推动全域国土

综合整治信息的整合共享。

四、"政银企"联手，形成多元融资

乡村振兴需要大量的资本投入，在全域国土综合整治项目纵向经费严重不足的情况下，通过以下方式筹措项目资金保障试点项目稳定推进。

（一）政府银行企业联手，打造省级投融资平台

湖北省自然资源厅与省农发行、省长投集团、省农发集团、省联发投等金融机构与知名企业，签署《共同开展全域国土综合整治助推乡村振兴和生态文明合作协议》，开展全域国土综合整治战略合作。搭建国土综合整治"政银企"合作平台，创新"政府把方向、银行保资金、企业管建设"的合作机制。省农发行将在5年内完成1000亿元融资授信支持。省级投融资平台充分发挥投融资、产业导入等优势，全面参与项目建设。目前"政银企"合作进展良好。

（二）整合部门涉农项目，提高资金使用效能

国土综合整治公益性强，政府投资仍是项目落实、开展的重要资金来源。各地政府一方面要通过统筹使用新增建设用地有偿使用费、耕地开垦费、土地复垦费、乡村振兴资金等财政拨款，加大对全域国土综合整治的投入；另一方面也要整合分散在不同部门的涉农项目，将过去"九龙治水"的项目经费统筹到全域国土综合整治项目上来，提高项目资金使用效率。

（三）释放指标政策红利，保障项目投入稳定

社会资本投入以获利为目标。在全域国土综合整治过程中，投资公司主要通过项目整治中的新增耕地指标的交易来保障自己的利润。为此，在项目实施过程中，我们在充分论证的基础上，出台相关政策，充分释放"增减挂钩、占补平衡"两项指标政策红利；明确整治节余的建设用地指标和补充耕地指标拥有指标交易专属权可在全省范围内优先调剂使用，所得收益可用于全域国土综合整治项目；并明确规定可以按建设用地整治复垦面积的30%奖励新增建设用地计划指标，释放指标奖补红利。此外，也要在农村土地制度改革中盘活农村沉睡的土地资产，为土地整治和乡村振兴开辟重要资金来源。

（四）强化企业造血功能，提升市场吸金能力

政府的专项资金与社会的资本投入为项目启动与顺利实施奠定了基础，但项

目整治结束后能否持续有效运行，则取决于企业本身的市场盈利能力。企业通过产品开发、生产销售等获取市场回报，是项目融资的重要渠道。企业需要依托资源优势，找准市场定位，因地制宜发展乡村产业，选择"现代农业、特色产业、三产融合、文旅结合、生态修复"等产业路径，在全域国土综合整治中不断强化企业市场盈利能力，运用市场化机制，带动项目区一二三产业协同发展，推进乡村振兴。因此，我们在引进、培育、壮大乡村产业的过程中，积极开展乡村企业建设行动，强化企业"造血"功能，提升企业市场"吸金"能力。

五、产业导入，特色发展

生活富裕是乡村振兴的根本出发点和最终落脚点。产业振兴则是乡村振兴的重中之重，只有坚持精准发力，立足特色资源，关注市场需求，发展优势产业，促进一二三产业融合发展，才能更多更好惠及农村、惠及农民。产业导入成功与否直接关联项目成效。在全域国土综合整治过程中，我们的主要做法如下。

(一) 组建产业联盟，推进产业对接

创建区域产业联盟，充分发挥合作各方自身和市场方面的优势，结合当地发展情况，寻求新的发展机遇、规模、标准、机能和定位；发展新的合作伙伴，推进各主体间的产业对接，拥有较大的合力和影响力，形成互相协作和资源整合的合作模式，保持与市场、社会和农民的良性互动，为全域国土综合整治项目带来新的客户、市场和信息，将全域国土综合整治推向新高度。

(二) 引进龙头企业，做强现代农业

加快农业产业化发展，实施培育壮大龙头企业"十百千万"工程，发挥农业龙头企业引领作用，建设一批优势特色农业产业集群，打造十大优势农业产业链。加强农业全产业链建设，以农产品加工为核心，加快推动农业由单一的农副产品生产为主向科研、生产、加工、贸易、休闲旅游等全产业链拓展，深入推进一二三产业融合发展。支持农产品主产区县突出特色高效，发展特色产业集群，推动由农业生产基地向农产品加工技术集成基地和精深加工示范基地转变。加快建设现代农业产业园、农业现代化示范区、休闲农业产业园、休闲农业示范县、农业产业强镇和"一村一品"示范村。

（三）依托资源优势，培育特色产业

根据区位条件、资源禀赋和发展基础，因地制宜发展特色产业；着力发展优质稻米、生猪、特色淡水产品（小龙虾）、蔬菜（食用菌、莲、魔芋）、家禽及蛋制品、茶叶、现代种业、菜籽油、柑橘、中药材等十大重点特色农业产业链，打造优势特色产业集群。推动具有区位优势或独特资源的区域统筹加强政策引导和市场化运作，逐步发展成为先进制造、资源加工、商贸物流、文化旅游等专业功能的区域。加强特色村庄保护工作，保留特色农村的传统农耕文化和民俗文化；加大农村地区文化遗产、遗迹保护力度，保护传统村落、民族特色村寨和历史文化名镇、名村。

六、党建引领，共同缔造

以乡风文明、治理有效为目标的乡村建设是全域国土综合整治的重要内容，涉及路网、水网、电网、气网建设、环境卫生、立面外墙整治、垃圾分类等内容，在项目整治中改善村庄风貌，提升基础设施配套，建设生态宜居的美丽乡村。

（一）党建引领，村民主体

农民是全域国土综合整治的最终受益者，也是乡村振兴战略的主体，村组与农民是国土综合整治项目的关键主体与最终归宿，乡村振兴必须依靠广大农民群众。全域国土综合整治的对象主要是农村集体土地，而农村集体土地的所有权是农村集体经济组织，农民作为农村集体经济组织成员对农村土地整治应享有知情权、建议权、参与权、监督权和受益权，增强农民在全域国土综合整治中的主体性地位是维护农民合法权益的重要途径。依靠农民，为农民参与全域土地综合整治提供有效途径，并在整治过程中构建农民权益保障和利益共享机制，才能真正实现乡村振兴。在植树造林、农村道路建设等技术要求低的简易工程中，鼓励由村集体组织当地农民施工，并推进资源变资产、资金变股金、村民变股民。项目区各级财政资金投入形成的资产可折算成村集体股权，构建长效保障机制。

例如，黄石市大冶市还地桥镇以"党建引领、村民主体"为主要模式，构建起"党员先行、干部带头、村民参与"的大联动格局。通过发挥各级党员干部"领头雁"作用，充分发挥党组织的引领作用。通过在乡村一级成立理事会和合作社，鼓励和引导农民参与相关项目管理决策，完善村规民约，实现共谋、共建、共管、共评、共享，以此来强化农民主体意识。在村党支部和理事会的带领下，依托当地合作社，全体村民积极参与，变"要我整治"为"我要整治"。通过召开会议、丈量土地、成员界定、划分田地等程序，实现耕地整合与机耕道路拓宽，有效解决土地细碎化问题，促进土地有序流转发展规模产业，从而增加农民和集体收入。

（二）干群同心，共同缔造

政府主导、公众参与是全域国土综合整治顺利推进与美丽家园建设的机制保障。从湖北省项目试点的情况来看，"干群同心、共同缔造"的乡村治理经验值得推广。一是决策共谋、科学规划。项目规划前，广泛号召群众，充分发挥群团组织作用，搭建村民议事平台，形成群众参与的共谋协商机制；采取入户走访、座谈交流等形式，倾听群众心声；围绕"村庄怎么建设、环境怎么整、产业怎么导"等问题共同"会诊"，找准群众诉求和村庄长远发展需求。项目启动后，按照"征集、商讨、公示、修改、反馈、表决"的工作流程议事决议，找到最大公约数，设计出科学合理的规划方案。二是项目共建、全程参与。项目实施中，要按照农民投劳、农民自建、农民投工取酬等类型因地制宜组织共建活动。项目完工后，邀请"土专家"、村民代表参加单体工程验收，整体竣工后，要按照群众参与的工作流程议事决议，获得大多数村民同意，方可通过竣工验收。三是建设共管，民力集聚。在项目建设中，建立公示制度，做好项目信息公开，号召老党员、乡贤能人参加工程监理，邀请村民代表参加项目推进会和工程例会，形成群众参与监督机制。项目验收后，要将项目管护纳入村规民约。四是效果共评、群众主导。坚持"服务谁、谁评价"的原则，在项目建设全过程中施行群众评价机制，通过召开村民大会、发放问卷、组织开展群众评议打分等方式，进行量化评价。积极开展最美乡村规划师、最美志愿者、最美耕保人、最美庭院、最美工程等示范评比活动，增强群众荣誉感、责任感。五是成果共享，红利保障。推动基础设施共享，推进村庄美化亮化，水电路气网和小广场、小亭子等基础设施改善提升和共享使用。推动公共服务共享，拓展群众服务中心、超市、爱心食堂、图书室、卫生室等公共场所的功能，支持打造共建共享的物流平台、直播带货场地等，推动基础设施共享，推动产业共享，引导村民就地创业就业。

第二节　乡村振兴背景下全域国土综合整治中的不足

一、存在制度瓶颈

（一）耕地"进出平衡"存在部门制度冲突

在"三生"用地空间格局优化的过程中，通过整治破碎化的耕地，形成集中连片的耕地，是推进现代化农业发展的重要基础。为确保全域国土综合整治的顺利进行，部分耕地、林地、草地以及水体湿地需要在空间上进行相互置换。在"占补平衡"政策导向下，其置换过程既包括部分林地、草地、水体湿地等生态用地向耕地的置换，又包括部分耕地向林地、草地、水体湿地等生态用地的置换。

根据我国现有的管理制度，耕地管理的归口在自然资源主管部门，主要通过《中华人民共和国土地管理法》《基本农田保护条例》《国土资源部关于改进管理方式切实落实耕地占补平衡的通知》《自然资源部 农业农村部关于加强和改进永久基本农田保护工作的通知》等政策法规对耕地资源进行管理和利用。例如，《中华人民共和国土地管理法》第四条规定了土地用途，将土地分为农用地、建设用地和未利用地。严格限制农用地转为建设用地，控制建设用地总量，对耕地实行特殊保护。《基本农田保护条例》第十四条规定了地方各级人民政府应当采取措施，确保土地利用总体规划确定的本行政区域内基本农田的数量不减少；第十五条规定基本农田保护区经依法划定后，任何单位和个人不得改变或者占用。

林地管理的主要归口在林业部，主要按《中华人民共和国森林法》《中华人民共和国森林法实施条例》《建设项目使用林地审核审批管理办法》等政策法规对林地实施管理。例如，《中华人民共和国森林法》第三十六条规定：国家保护林地，严格控制林地转为非林地，实行占用林地总量控制，确保林地保有量不减少。各类建设项目占用林地不得超过本行政区域的占用林地总量控制指标。《建设项目使用林地审核审批管理办法》第三条规定：建设项目应当不占或者少占林地，必须使用林地的，应当符合林地保护利用规划，合理和节约集约利用林地。

水体湿地管理归于林业和草原主管部门，主要按《中华人民共和国草原法》

等政策法规对草地进行管理。例如，《中华人民共和国草原法》第四十九条规定：禁止在荒漠、半荒漠和严重退化、沙化、盐碱化、石漠化、水土流失的草原以及生态脆弱区的草原上采挖植物和从事破坏草原植被的其他活动。

水体湿地管理的归口主要在林业和草原主管部门，主要按《中华人民共和国湿地保护法》《中华人民共和国长江保护法》《中华人民共和国黄河保护法》《中华人民共和国水法》等政策法规对其进行管理与保护。例如，《中华人民共和国湿地保护法》第二十八条规定禁止下列破坏湿地及其生态功能的行为：开（围）垦、排干自然湿地，永久性截断自然湿地水源等其他破坏湿地及其生态功能的行为。

从低丘岗地区的试点情况来看，部分低丘土地在整治后可以作为新增耕地，但是，其现有土地利用类型或是林地，或是草地，或是水体湿地。在各个部门法规的管理下，这些试点项目在耕地"进出平衡"时遇到部门间法规不统一的问题，林业部门的法规不允许林地调整为耕地，林地与耕地的空间转换路径难以打通，不利于耕地的集中连片和乡村"三生空间"格局的优化。因此，需要省级以上人民政府协调部门之间的利益、权责，并修订行业、部门间管理法规，打通农、林、草、水等用地间的"进出"路径。

（二）全域国土综合整治管理制度供给不足

全域国土综合整治作为乡村振兴的重要平台和关键抓手，中央因此相继出台了《自然资源部关于开展全域土地综合整治试点工作的通知》《全域土地综合整治试点项目实施管理暂行办法》；湖北省出台了《关于推进全域国土综合整治的意见》等政策法规，目的是为新时代下的全域国土综合整治工作提供基础的制度保障。相比于从前的土地整理与土地整治，新时代下乡村振兴背景下的全域国土综合整治工作不仅更具综合性、复杂性，而且在实践中出现了更多、更新、更难的问题。目前关于全域国土综合整治的管理制度供给无法满足新时代下的全域国土综合整治面临的现实情况。根据调研可知，其管理制度供给不足主要表现在以下三个方面。

一是全域国土综合整治的技术标准与规范等文件缺失。完备的全域国土综合整治的技术标准、技术规范，不仅可以更好地指导、规范全域国土综合整治的绩效评价工作，而且对提高全域国土综合整治水平、健全全域国土综合整治管理标准体系具有重大意义。但目前，在山、水、林、田、湖、草、路、林、村等全域要素的整治过程中，相关的设计规范、定额标准、项目中间服务费标准、总项目与子项目验收办法等还没有形成系统。因此许多地方政府政策指向不明，存在"怕担责、怕犯错"的心态，不敢创新而为，这在一定程度上影响了全域国土综合整治工作的顺利推进。

二是全域国土综合整治的差异化政策供给不足。不同区域的自然条件、资源禀赋、土地利用现状与土地整治基础差异较大，其土地整治的内涵、实现目标与整治措施等也各不相同。一般来说，丘陵山区的土地资源条件相对较差，在交通不便与地块破碎等因子的影响下，一些边际化的农地极易被弃耕撂荒。经过土地综合整治确实能新增一部分耕地，但受地形地貌等因子的影响，山区土地生态系统较为脆弱，适合整治成新增耕地的后备资源不多，在这种地区开展全域国土综合整治，且要真正达到5％以上的新增耕地目标，确实难度较大。在平原地区，有些地方因地势平坦、土地肥沃、集中连片，成为我国重要的商品粮食生产基地，在自然资源部、生态环境部、农业农村部等部门支持下，已实施过多次相关的土地整治与农田水利基础设施建设等项目，能新增的耕地基本已在前期的土地整治过程中被开发出来了，现有挖潜能力有限，在这种条件下，难以达到新增5％的耕地面积这一目标。在调研过程中，许多地方政府都反映，本地新增耕地面积的目标太高，难以实现，希望上级政府出台差异化的整治政策，因地制宜确定各个项目区的整治目标。

三是全域国土综合整治中的利益平衡与保护政策不明。全域国土综合整治的一个显著特点是"全域"，项目整治多是以乡镇为单元，小则覆盖多个行政村，大则涵盖整个县（市）域，整治面积可达万亩以上。在这样大的区域内进行国土综合整治，涵盖的土地类型复杂多样，既有农地、林地、草地与水体湿地，也有闲置的宅基地与低效利用的乡村建设用地。在耕地破碎化整治与实现"进出平衡"时，涉及多个利益主体，部分土地的产权不明晰，其利益补偿难以平衡。从调研的情况来看，部分项目区撂荒多年的农地已变成树林茂密的林地，在利益补偿不到位的情况下，部分居民不同意毁林还地，项目整治工作进程受到影响。而现有管理法规，暂没有这方面的补偿规定与实施办法，因此，急需出台相关补偿办法，指导处理利益平衡，保护农民集体的权益。

二、实施机制不畅

(一)制度上没有明确项目实施的指挥权

乡村振兴背景下的全域国土综合整治是一个复杂的系统工程，它不再是国土资源部门的单项土地整治活动，而是需要农业农村、生态环境、乡村振兴、水利水电、交通等多个职能部门协同参与的重大工程，它是地方政府实现乡村振兴战略的重要平台与关键抓手。因此，领导重视，"挂帅"推进，就成为许多地方政府顺利推进全域国土综合整治项目的有效机制。从调研的情况来看，绝大多数地方的主要领导认识到位，把全域国土综合整治作为推进乡村振兴的重要平台和关键抓手，实施重点工程，成立项目指挥部，并做到"亲自部署、亲自过问、亲自督办"，试点项目因此顺利推进。但是，也有部分地区的领导对全域国土综合整治的重要性与必要性认识不到位，有的虽有挂名但实际没有真正上场"挂帅"，项目总指挥的重任往往落在自然资源部门的领导身上，各地自然资源局局长或者土地整治中心主任在一定程度上就同时扮演了试点项目的"组织实施者""部门协调人""项目总指挥"等多个角色。但从管理权限来看，自然资源局没有调度其他部门的权力。因此，其同级协调的效果与资源整合的能力都大打折扣，这也是部分试点项目工程进程偏慢的主要原因。

从部、省两级下发的关于全域国土综合整治文件，如《自然资源部关于开展全域土地综合整治试点工作的通知》《关于推进全域国土综合整治的意见》《深化自然资源管理改革服务高质量发展的若干措施的通知》来看，都要求各级政府高度重视全域国土综合整治工作，并且要积极加强组织领导和建立组织领导机制。然而，其不足之处在于对领导"挂帅"和部门牵头方面并没有做具体规定，同时，也没有明确同级职能部门、项目所在乡镇及村集体等重要成员在项目整治中的责权利等，这就必然导致协调无力、指挥低效。因此，需要有相关的制度来明确国土综合整治项目的指挥权，明确项目组织牵头单位，明确参与部门的责、权、利。

(二)项目整治与乡村发展的融合机制不健全

全域国土综合整治是一个庞大的系统工程，整治内容广，涉及要素多，项目持续时间长。从项目启动到项目实施过程、再到项目的后期利用管护，各个环节之间需要无缝对接，因此，需要建立全域国土综合整治的全过程管理机制。从项目试点的情况来看，不少基层政府仍然视全域国土综合整治为单一性工程，并没有将土地综合整治与乡村振兴真正融合起来，更多的精力集中在项目工程实施阶段，而对整治后的项目营运、产业发展、管理维护等后续问题缺乏关注，全域国土综合整治助推乡村振兴的"最后一公里"仍然没有打通。

近年来，为了乡村振兴工作的顺利进行，各部门相继出台相关政策办法。如自然资源部门从土地整治视角，出台了一系列助推乡村振兴的部门法规；农业农村部门从"三农"发展视角，也出台了推进乡村振兴战略的相关制度；生态环境部门从生态保护与环境整治视角，也出台了修复乡村生态、整治乡村环境的相关办法。但是，这些基于行业部门的政策法规，更多体现的是本部门利益，存在站位不高、视野狭窄的局限性，多部门政策叠加时达不到"1+1＞2"的效果。由此可见，在实际工作中，更需要建立超越部门利益的、能有效整合国土综合整治与乡村发展的机制。

三、导入产业困难

乡村要振兴，产业必兴旺。乡村产业兴旺，既需要依托土地资源优势，在综合整治中发展规模农业、设施农业等现代化新农业形态，也需要激活沉睡的乡村建设用地市场，提升建设用地利用效能，更需要探索一二三产业融合发展的新形态产业。产业导入是全域国土综合整治工作的一个关键环节，是项目落地的"最后一公里"，事关整治项目后期的经营与管护。如果产业导入不成功，不仅达不到产业兴旺、生活富裕的总要求，而且还可能出现整治项目无人经营、管护等问题。如果说充足的资金是项目启动的基础，那么优质产业的导入则是全域国土综合整治工作能否持续实施的重要保障。因此，在全域国土综合整治工作过程中，要将产业导入作为新时代国土综合整治工作的关键任务，要将土地综合整治与乡村的产业导入和持续发展紧密结合起来。但是，引入优质产业并非易事，面临的关键难题有如下两个。

（一）优质产业导入机制不健全

全域国土综合整治解决了耕地破碎化的问题，乡村的"三生空间"格局得到优化，这为土地的规模化、集约化利用创造了条件，也为农业现代化发展奠定了坚实的土地基础。整治后的项目区其土地利用方式、产业发展模式等均需要同步转型升级，基于分散破碎地块的小农经营模式需要向现代农业发展模式转型。其中，不仅需要妥善处理农地流转、农户生计转型、新村建设等关键环节出现的问题，而且还需要基于土地条件、资源优势与发展基础等因素来遴选适合本区发展的产业类型。一般来说，平原地区的土地资源优势明显，农业生产条件优越，在全域国土综合整治后，宜走规模化、机械化的现代农业发展道路，肩负国家粮食安全的生产任务，可通过发展现代农业实现生活富裕的目标；丘陵山区的地形地貌复杂，土地规模利用的条件有限，发展规模化与机械化的现代农业难度较大，需要基于项目区的生态资源优势，遴选有地方特色、发展基础、市场需求的特色产业，开辟特色发展的道路；都市毗邻区的地理区位优势明显，一二三产业融合发展的条件更好，宜走观光休闲、文旅结合的产业发展道路。

但是，目前乡村土地市场与社会资本方信息不对等，一方面农地流转与出租的信息不明，整治后的成片耕地找不到好的产业项目来投资；另一方面，一些社会资本想投资农业时找不到可以落地的土地，"资本""土地"两个关键要素结合的路径不通。目前正在进行的全域国土综合整治也存在对整治后的产业导入与土地利用问题。产业导入需要明确如何推介土地项目、谁来招商引资、给予什么政策支持等关键问题，现有的土地整治法规没有清晰的规定，引导社会资本与优质企业进入乡村、发展产业的制度体系与产业导入的实现机制等亟待建立。

（二）新形态产业培育路径不明

在乡村振兴过程中，要基于全域国土综合整治的成果培育发展乡村新形态产业，首先要解决"培育什么形态的产业、谁来培育新形态产业、如何培育新形态产业"等关键问题。从"培育什么形态的产业"来看，各个项目整治区的自然条件、资源禀赋与区位优势不同，到底适宜发展什么产业、选择什么产业形态等，都需要科学论证与专家决策支撑；从"谁来培育新形态产业"来看，不仅需要解决"谁来投资、谁来经营、谁来管理"等主体角色问题，而且还需要一系列鼓励、扶持产业孕育主体的平台与政策支持；从"如何培育新形态产业"来看，不仅涉及一系列新产业发展需要的技术支撑，而且还需要一系列指导培育新形态产业发展的政策支持。但上述前提条件与工作内容，已经超出了全域国土综合整治项目涵盖的工作范畴，全域国土综合整治过程中新形态产业培育的路径目前没有打通。

四、项目风险隐现

(一)项目融资安全风险

充足的项目资金是顺利实施整治项目的基础。项目资金目前主要来源于政府专项资金、社会资本、企业收益与村民投入等渠道,其中,政府专项资金与村民投入相对较少,社会资本与企业投入是绝对主体。有了大量社会资本的投入,全域国土综合整治项目才能快速推进。部分地区的实践表明,以耕地"占补平衡"和城乡建设用地增减挂钩政策为驱动,依托乡村资源优势发展乡村旅游和特色产业的巨大潜力,已成为多元化筹措资金,推进全域土地综合整治行之有效的路径选择。比如,以促进城乡要素流动为主的政府主导型模式。该模式通过城乡建设用地增减挂钩,推动城市资金和乡村土地要素的合理对流,充分发挥城市与乡村的资金与资源互补优势,城市获得建设用地指标,扩大了发展空间。乡村获得资金,扩充了振兴资本。两者相辅相成,相互促进。

但是,作为投资公司(企业),这些投入是需要回报的。从其获取回报的方式来看,最重要的收益来源是新增耕地指标与增减挂钩指标在市场上进行交易所得。许多地方政府也将项目整治后"两项指标"的交易价值,视为招商引资与项目实施的最大资本。在都市周边地区与城乡接合部等地,因"两项指标"具有巨大的市场交易价值预期,在全域国土综合整治过程中,往往采取大拆大建的方式来重构乡村的"三生空间"格局,部分项目的农户拆迁率超过70%,这就需要承担巨额的拆建成本,从而推高了试点项目实施的总预算。但是,近年来,许多地方的房地产市场表现疲软,"两项指标"的市场交易不活跃。在交易价低、量少的现实面前,部分投资公司因增减挂钩指标市场交易风险加大而选择不再注资,甚至中止项目合作。在这种情况下,全域国土综合整治项目极有可能"烂尾",地方政府也将面临社区不稳定与债务风险,需要提高警惕。

(二)耕地非农非粮化风险

全域国土综合整治后的耕地如何利用,对乡村的产业兴旺与生活富裕具有决定性影响,产业导入因此成为乡村振兴背景下全域国土综合整治工作的核心内涵。整治后的耕地集中连片,既适合规模化、机械化的农业生产,承担保障国家粮食安全的产粮重任;也适合发展现代农业、设施农业、特色农业,通过文旅结合与产业融合的方式，实现增产增收的目标。农业作为弱势产业，其投资回报的速度与利率明显低于其他产业，耕地的"非农化""非粮化"利用具有强大的内生动力。从我国的实践情况来看，有的地区在国土综合整治过程中，已经出现了较为严重的耕地"非农化""非粮化"利用现象，引起社会高度关注，因此相关部门陆续出台《关于坚决制止耕地"非农化"行为的通知》《关于保障和规范农村一二三产业融合发展用地的通知》等文件，明确要求进一步防止国土综合整治中的耕地"非农化"与"非粮化"。

从试点项目的情况来看，有的项目导入的产业是"茶、药、花、菜"等非粮产业，有的项目还安排了较多的非农产业用地。值得肯定的是，这种"非农化""非粮化"土地利用，对农户增收与乡村发展较为有利，其助推乡村振兴的效果较好，得到基层政府与老百姓的认可。但是，这些"非农化""非粮化"产业的导入，弱化了项目区的产粮能力，不符合国家政策，存在后期被督查整改的风险。

（三）增地指标压力下的生态退化风险

新增耕地是我国国土综合整治的重要内容，在全域国土综合整治过程中，通过对破碎化耕地、废弃宅基地、闲置宜耕地等土地的整治，确实可以新增部分耕地。国家基于粮食安全的战略高度，在强化耕地保护的过程中，明确要求通过项目整治达到新增5%以上的耕地面积，提升耕地质量，优化"三生空间"格局。因此"两个5%"成为国土综合整治项目验收的重要指标。但是，在实践中，并不是所有的整治项目都能真正实现这个目标。江汉平原地区的土地资源地势平坦、土壤肥沃，是我国重要的粮食生产基地，也是我国国土综合整治的重点区域。在多个整治项目的支持下，有的项目区已经历过多次土地整治，可以新增的耕地基本上已新增。在这种情况下，要再新增5%的耕地面积，难度非常大。有的项目区为实现这个目标，就将新增耕地的目光转向了平原区的水体湿地，部分坑、塘与湿地都被整治成为耕地，而这些水体湿地是平原的"海绵体"，不仅对防洪具有重要作用，还对生态系统起到重要调节功能。

丘陵山区的农地多以旱地为主，水田较少，适宜开发的新增耕地资源不多。在这种情况之下，过度强调新增耕地指标，要求达到"两个5%"的目标，确实有很大难度。从调研的情况来看，在巨大的压力下，个别项目为了实现耕地的"进出平衡"，达到新增5%的耕地指标，出现了上山造地、毁林开荒的现象。这会直接引发新的水土流失、土地退化等生态问题。而且这些新增的耕地，土地质量较差、生态脆弱、灌溉系统难以保障，在交通不便的情况下，愿意接手经营的农户或企业不多，再次出现弃耕撂荒的可能性相对较大。因此，在全域国土综合整治过程中，一定要严防这种新的生态退化风险。

五、主体角色不明

（一）新时代的全域国土综合整治是以人民为中心的土地整治

确保农民在农村土地整治中的主体地位和作用发挥是近年大力倡导的方向。二十大报告深入贯彻以人民为中心的发展思想，提出要维护人民根本利益，增进民生福祉，不断实现发展为了人民、发展依靠人民、发展成果由人民共享，让现代化建设成果更多更公平惠及全体人民。近年出台的一些文件也进一步强调农民的主体地位，2018年的中央一号文件《关于实施乡村振兴战略的意见》和《乡村振兴战略规划（2018—2022年）》等，不仅对实施农村土地整治寄予厚望，提出"大规模推进农村土地整治""实施农村土地综合整治重大行动"等，而且对其如何推进指明了方向，"坚持农民主体地位"就是必须坚持的基本原则之一。

（二）全域国土综合整治的关键环节离不开村民主体

村民是土地权属关系调整的主体。土地权属调整与工程建设是全域国土综合整治的两大核心任务。但是，在很多地方调整土地承包经营权都被视为"禁区"，村集体不敢进行适当的地块调整，这在一定程度上加重了乡村地区土地破碎化，不便耕作的耕地被弃耕撂荒现象，不利于现代农业发展、不利于乡村振兴目标的实现。土地权属的合理调整以及经由整治形成的（准）公共产品的优化配置和土地资源持续利用，需要在政府及其组成部门的支持和指导下，由相关利益主体通过协商方式实施。从地方实践来看，农村土地整治真正发挥效用并得到群众认可的地方，无一不在权属调整方面做了大量工作，农村土地整治要想真正在乡村振兴战略实施中发挥重要作用，必须在尊重农民主体地位的前提下推进权属调整。

村民是土地整治模式创新的主角。农村土地整治常规实施模式的突出特征是农民主体地位的缺失，实施模式创新的关键在于确立农民的主体地位。虽然主管部门也着力构建政府主导、农村集体经济组织和以农民为主体等内容的农村土整治机制，但总体进展缓慢。作为弥补，相关部门提出要大力倡导建立健全以农民为主要对象的农村土地整治公众参与机制。实际上，这是将农村土地整治原本的实施主体降格为参与人员，本身就是对主体地位缺失的默认。作为农村集体经济组织重要形式的农民专业合作社可以在农村土地整治中扮演更加重要的角色，通过合作社承担农村土地整治的方式，实现双赢。

村民是传承土地文化与乡风文明的载体。农村土地整治要注意保留当地传统农耕文化和民俗文化的特色，加强乡村传统文化的保护，积极营造不同于城镇的自然景观和人文氛围，形成传统文化与现代文明包容并存的和谐局面，形成自然与人文和谐统一的乡村可持续发展模式，使乡村振兴的内涵更加丰富、多元。而这个过程中既要重视乡土文化的保护，又要热切关注群众民生，合理安排保护利用项目；既要科学整治村落格局风貌及其自然生态环境，又要加强村庄基础设施建设，将保护利用传统村落与改善农民生活需求相结合。这也要求真正发挥农民的主体作用，调动广大农民积极性、主动性和创造性，引导农民将自保获益与保护传统村落有机结合起来，把维护农民群众根本利益作为出发点和落脚点，不断提升其获得感和幸福感。

（三）村民角色目前更多是部分参与者

全面实施乡村振兴战略必须坚持农民主体地位，切实维护农民权益，扎实稳妥推进乡村建设。坚持乡村建设为农民而建，坚持自下而上、村民自治、农民参与。不能盲目拆旧村、建新村，不能超越发展阶段搞大融资、大开发、大建设，要严格规范村庄撤并。要总结推广村民自治组织、农村集体经济组织、农民群众参与乡村建设项目的有效做法。在全域国土综合整治中，不能忽视农民的主体地位，既要充分尊重农民意愿，严禁随意撤并村庄搞大社区、违背农民意愿大拆大建、强迫农民"上楼"等做法，也要完善村民（代表）会议制度和村级民主协商、议事决策机制，拓展村民参与全域土地综合整治事务平台。鼓励村民委员会或村民小组组织开展土地平整、小型基础设施建设和植树造林等技术要求低的简易工程，提升农村集体经济组织和农民自治能力。

（四）农户参与整治增值收益共享机制不健全

全域国土综合整治能产生巨大的经济效益、生态效益与社会效益，对乡村振兴与区域发展具有重要的支撑作用。从直接经济效益来看，整治过程中的新增耕地指标与增减挂钩指标，在土地市场具有巨大的经济价值。尽管在项目整治过程中，涉及土地权属关系调整、宅基地退出、房屋拆迁等方面，有较高的经济补偿，但是，这部分经济补偿目前主要掌握在政府手里，用来支付项目的资本利息、建设成本与公共服务等，而村集体与广大农户却并没有获得村域土地上新增耕地指标带来的增值红利。从调研的情况来看，部分村民对此有不满情绪，这也是有些项目得不到村民支持的重要原因。因此，在全域国土综合整治过程中，要完善土地综合整治的利益联结机制，通过"资源变资产、资金变股金、农民变股东"，让农民收获更多整治增值收益。因此，推进全域国土综合整治工作，必须增强农民的主体意识，发挥农民的主体作用，既要让农民对家乡的美好期待与憧憬转化为对全域整治的主动参与、积极推动，更要让农民能够切实共享土地整治带来的获得感。

六、信息化建设滞后

（一）项目全流程信息化平台建设滞后

2020年9月，自然资源部办公厅下发《关于开展省级国土空间生态修复规划编制工作的通知》，明确提出要基于自然资源"一张图"和国土空间基础信息平台，开展国土空间生态修复信息系统建设。全域土地综合整治项目是国土空间生态修复的主要项目类型之一，相比传统的土地综合整治，全域土地综合整治更加强调生态系统的整体性和完整性，注重从空间层面解决区域性生态环境问题和区域发展问题，主要手段是村庄规划引领、项目工程统筹、多部门政策聚合。

然而，从试点项目反映的情况来看，目前在国土综合整治过程中，并没有一个可以将多个部门的数据信息进行整合的平台，使得项目实施方无法对国土综合整治项目实施的全过程进行有效管理。这种全流程信息化平台建设的缺失，不仅会产生国土资源部门的土地利用数据与林业部门、农业部门、水利部门等单位的数据打架现象，而且土地利用现状数据与"三调"数据的同步也会出现滞后性。

因此，需要建设涵盖"动态可视化数据库、全流程标准体系、智能化应用系统与协同性管理平台"核心模块的项目全流程信息化管理平台，提升信息化管理水平。

（二）多源数据融合的技术路径不明

我国自20世纪70年代初开始在制图、测绘和卫星影像上推进信息化技术发展，逐步建立土地资产监测系统和数据库。土地资源管理信息化主体涉及发展改革、自然资源、工信、住建等多个部门。《国土资源信息化"十三五"规划》将信息化作为驱动国土资源治理体系和治理能力现代化的有效手段，以信息化发展作为推进国土资源事业新发展，创新资源监管方式的内核，引入大数据、国土资源云、"互联网＋"等信息技术体系，逐步构建智能化的国土资源管理决策与服务体系，向更精、更深、更广发展。修订后的《中华人民共和国土地管理法实施条例》对土地资源管理信息化提出了更高层次要求，要求应充分运用现代科学信息技术，实现土地资源管理的高效性、快捷性及科学性。

从试点项目的情况来看，许多项目都存在"三调"数据与林业部门数据库的数据不一致，土地利用现状与"三调"数据有出入。面对这些问题，基层管理部门特别期待上级部门能出台这方面的指导政策，明确处理这些问题的路径。与此同时，自然资源部门也要充分利用全域国土综合整治中建设的资源构建统一的网络系统，加快建设共享土地资源信息化数据设施。要根据实际情况来选择各中心站点的连接方式，实现相关信息快速、安全的传输；充分运用各种手段将各个中心站点的物理连接分成相应的逻辑网，以此来落实好土地管理信息传递工作，及时将项目调查、项目进展、项目评价时所形成的资料和汇总数据进行传输，为国土资源信息提供社会化服务。

第六章　国外国土综合整治助推
乡村振兴的经验启示

以德国、荷兰与俄罗斯为代表的欧洲国家，以及亚洲的日本、韩国等发达国家，土地整治工作起步较早，其积累的经验对世界各国的土地整治工作具有重要的参考借鉴意义。我国现代意义上的土地整治则是新中国成立以后，特别是改革开放之后才逐步形成和发展起来的。经过多年的实践发展，虽取得显著成效，但仍存在不少亟待解决的问题。本章以德国、荷兰、日本与俄罗斯等国家为例，考察国外其他国家国土综合整治助推乡村发展的主要做法和共性路径，分析国际经验对中国全域国土综合整治助推乡村振兴的启示。

第一节　其他国家国土综合整治助推乡村振兴的主要做法

一般认为，土地整治活动源于16世纪的欧洲。以德国、荷兰、俄罗斯为代表的欧洲国家土地整治起步较早，在国土综合整治的推进下，乡村发展成效显著（丁恩俊、周维禄、谢德体，2006）。此后，加拿大、日本、韩国等国家也在土地整治方面取得长足进展。日本是一个地少人多的国家，在生态环境与资源约束较严的条件下，其国土整治助推乡村发展的成就引人注目。在这种背景下，本研究以德国、荷兰、日本、俄罗斯四个国家为例，在比较各国国土综合整治助推乡村振兴的实现路径的基础上（表6-1），重点梳理这些国家土地整治助推乡村振兴的共性经验，以期为我国新时代的全域国土综合整治工作提供借鉴。

表6-1　四个国家土地综合整治助推乡村发展的路径比较

实现路径	国家	国土综合整治助推乡村发展的主要做法
制度建设	德国	逐渐完善土地整治活动的法律法规。如,1953年《土地整理法》,1976年、1982年、1994年三次修订《土地整理法》
	荷兰	从注重单一目标向多重目标转变的法律制度。1924年颁布第一部明确土地整治的法案、1985年颁布《荷兰土地整理条例》
	日本	逐渐转变为国土综合整治的土地制度。1899年《耕地整理法》,20世纪90年代后,土地整备升华到国土整治
	俄罗斯	从强调生产转变到注重环境保护的法律制度。1990年《苏联和各加盟共和国土地基本法》、1993年《土地基本法》、2001年《土地整理法》
多元融资	德国	采取"招标制"为主的融资方式。由联邦政府、州政府、土地所有者和其他团体共同组建融资机制
	荷兰	采取"股份制"和"农民合作银行并行"的融资方式。在城市实行以各城市为股东的股份合作制,在农村实行"农民合作银行"
	日本	采取以政府出资为主的融资方式。政府出资为主,民众和地方政府占小份额
	俄罗斯	采取政府和订户共同出资的融资方式。经费来自联邦预算、联邦主体预算以及订户
权属调整	德国	注重明确权属关系。明晰土地权属关系、土地所有者的权益
	荷兰	采取以多主体参与为主的参与模式。主体分别为土地所有者、使用者、公众
	日本	注重农户权益。以协商与签订协议的方式进行农地合并
	俄罗斯	注重土地流转市场的建立。
机制建设	德国	采取多元主体参与的机制。由土地管理局主导,其他部门协助,公众参与
	荷兰	采取主导和参与相协调的机制。由土地整理服务局和土地整理委员会主导,区域政府或省一级政府参与
	日本	采取多元主体参与的机制。国家制定总体目标,都、道、府、县级实施管理,町、村级实施项目,且有村民委员会的参与
	俄罗斯	采取多元主体参与的机制。主体分别为国家政权执行机关和地方自治机关、土地资源与土地整理委员会、土地权属者
技术引入	德国	注重信息技术的运用,CIS技术、RS技术、CPS技术

实现路径	国家	国土综合整治助推乡村发展的主要做法
	荷兰	注重专业人员的作用发挥。让风景园林师参与整治过程
	日本	注重工程技术的引入，水土重构技术、土地整理施工技术
	俄罗斯	注重信息技术的运用，建立土壤监测网，运用数字技术

一、德国

德国是欧洲开展土地整治工作时间最早、效果较好的国家之一。德国从早期开展土地整治的重心以增加土地面积、提高粮食产量为主，逐渐转变成以增加土地数量、注重土地质量、保护土地生态为目标。从20世纪80年代开始，德国为了改善乡村衰败的现象，整治目标上升为村庄改造和生态建设的国土综合整治。德国的土地整治工作已较为成熟，在景观保持、生态保护、村庄更新及农村发展等方面具有独特的经验，值得我国学习借鉴。因此，以下介绍德国土地整治工作大致经历的四个发展阶段：

第一阶段，16世纪中叶德国便率先开展土地整理活动。这一时期社会生产力比较落后，土地整理的初始目标是调整农用地的地块结构，主要是将小块、分散、零碎的农地整理为集中的连片地块，以改变私有制和继承法导致农地无限制细分和无效率占有，从而促进农业机械化运作，促进农村和人口密集地区的发展。此阶段土地整理仅有农地合并与产权调整和田间道路设置等简单措施。

第二阶段，为了增加战后粮食产量，1953年德国颁布世界上第一部关于土地整理的法律《土地整理法》，自此农业发展被置于重要地位。经济实力雄厚的农场主收购破产农民的土地，通过土地整理将土地集中，以扩大生产规模并满足战后粮食需求。此阶段一味重视农地经济功能，对项目区生态环境造成了损害。

第三阶段，土地整理的关注点涵盖到生态保护和村镇改造。为了治理农地掠夺性开发的负面影响，1976年德国对《土地整理法》进行了第一次修订，增加了改善生存环境的内容。乡村景观规划被纳入土地整理的强制性程序，增加了土地整理的环境承载力评价、挖掘乡村地域和文化资源、弥补战后村庄重建的资源损失等内容。这一阶段土地整理的目标除了提升土地数量与质量以促进农业发展外，开始重视自然生态环境保护。

第四阶段，为了改善城市化进程中乡村衰败现象，1982年对《土地整理法》

进行了第二次修订，新增村庄改造内容，实现村庄的经济、社会、生态环境、历史文化功能。土地整理逐渐上升到更全面的国土综合整治。1994年对《土地整理法》进行了第三次修订，整治内容更加综合，村庄改造和生态环境改善成为土地整治新的目标。德国的国土综合整治早已不再只是单纯地促进农业生产，以保证国民粮食安全，而是更加注重使农业集约经营、生态环境保护、水资源保护、村镇革新、城乡一体化发展等（吴诗嫚、叶艳妹、林耀奔，2019；吕云涛、张为娟，2015）。

二、荷兰

在全世界范围内，荷兰属于较早开展土地整理的国家。20世纪初，荷兰开始开展较低层次的土地整理，主要是将散乱的土地进行合并重新调整规划，便于农业机械化生产和规模化种植，以促进农业的发展。随着研究的不断深入，荷兰土地整理工作的重心已转移到保护农业生态环境、美化土地景观，以及建设户外娱乐设施等农村土地多重利用上。

荷兰于1924年颁布《土地整理法》，颁发该法律的主要目的是将土地集中管理，便于农业机械化生产，以此推动荷兰农业的发展，同时改变荷兰当时的农业利用情况。1938年再次出台《土地整理法》，目的与1924年颁布的法律一致，以更加简化的手续改善农用地，提高土地整治效率。这一阶段，荷兰的土地整治活动是为了提升粮食产量，推动农业发展。

从20世纪40年代开始，荷兰的土地整治工作向更深层次的土地利用发展。特别是第二次世界大战以后，荷兰土地整治作为农业结构调整和扩大农用地面积的一种手段，被政府所重视和推广。但是在20世纪70年代以后，人们逐渐意识到过度开发对乡村景观和生态环境会造成破坏，因此，土地整治工作开始在农业发展、乡村景观保持、自然资源保护以及乡村旅游之间寻求平衡。

随着城市化进程的不断加快以及荷兰人口的不断增加，之前的法律已经不能满足荷兰发展需要。在20世纪八九十年代，荷兰颁布了《土地整理法》《自然和景观保护法》《土地开发法》等法案，颁布这一系列法律的目的不再是仅仅促进荷兰农业的发展，更是要综合考虑各个方面的发展需要，这些法律为休闲用地和保护区用地提供了更多的可能性。

2005年荷兰修订了《土地整理法》，把土地整理的权力从中央下放到省级的乡村规划部门，以便结合地方实际情况推行适当的特殊政策，增强应对建设用地与农用地需求矛盾、经济利益与景观生态保护冲突的自主性（陈鹏、田璐，2020；程丹，2015）。

三、日本

日本是典型的人多地少、耕地资源稀缺、人均土地资源相当短缺的国家，与中国人多地少的基本国情有相似之处。日本在土地整理发展进程中，以较小的用地代价推动乡村发展和获得较高的经济发展水平（惠鹏凯，2021），这与日本完善的土地管理制度，特别是战后日本开展的土地整治息息相关。其土地整治工作经历了四个发展阶段。

二战后，日本开始开展耕地整治，最初的整治活动主要是进行耕地复垦和建设农田水利设施，希望通过土地整治增加耕地的面积，保障粮食产量。由于经历了第二次世界大战的重创，为缓解粮食供应紧张，日本政府实行了粮食强制收购和严格定量配给制度，在确保人民生活稳定的同时，大力发展粮食生产，增加供给（郧文聚，2011）。通过这一阶段的土地整治，到20世纪60年代中期，水稻播种面积、单产和总产均有较大提高，并出现了生产过剩问题。

由于上一阶段已出现生产过剩，第二阶段日本政府把农业、农村工作的重心调整到扩大农户经营规模和调整农业生产结构上。实行水改旱和土地平整政策，目标是解决农地的细碎化问题，扩大农户经营规模和调整农业生产结构。同时，通过修建农道、建设水果蔬菜和畜产基地等手段，使水田基本实现了排灌化、机械化，旱地作物的种植也有长足发展，农户的规模经营有了雏形，初步实现了农业的机械化。

20世纪70年代中期进入第三阶段，主要工作是综合建设农村基础设施和生活环境，整治村庄，目标是解决耕地撂荒问题、改善农村环境、缩小城乡差距。在经济增长和城市化的趋势下，农村劳动力外流，农村地区一方面出现荒凉、荒废的问题；另一方面农地的细碎化使农业经营效益低下，城乡差距逐步拉大。这一阶段，日本政府利用土地整治进行土地权属和地块调整，支持适度规模经营，发展农产品加工，提高农民收入水平（袁中友、杜继丰、王枫，2012）。同时通过村庄整治，建设农村基础设施，改善农村生活环境，缩小城乡差距。

20世纪90年代以后，经过前三个阶段的土地整治工作，农村劳动力向城市转移的趋势逐步减缓，城乡收入差距大大缩小，乡村的生活环境有了很大改善。为了解决人口老龄化、房地产泡沫崩溃带来的社会、经济问题，倡导人与自然的协调发展等目标，日本土地整治升华到国土综合整治。国土整治立足于第五次全国综合开发规划，使国土形态与21世纪的时代发展相适应，寻找可持续的经济发展道路（吴诗嫚、叶艳妹、林耀奔，2019）。

四、俄罗斯

俄罗斯的土地整治传统可追溯至17世纪初的沙皇俄国时期，1789年建立的俄罗斯国立莫斯科土地整理大学为该国的土地整理专业人才培养奠定了基础。从十月革命时期起至今，俄罗斯的土地整治工作逐步发展成为一套完整和系统的土地整理体系，其主要目标包括调整土地关系、组织土地利用以及有效管理土地资源（谢德体，2007）。在苏联时期，土地整治被视为提高和保护耕地生产力的关键手段，紧密围绕经济发展展开。例如，战后对伏尔加河流域的综合治理、干旱地区和草原地带的森林保护带建设以及大规模的引水工程等项目，显著提升了土地利用效率，并带来了经济上的显著收益，为今后的自然资源调查、重点区域土地开发和废弃矿区复垦提供了宝贵经验（王邻孟，1997）。苏联解体后，俄罗斯在1993年颁布的《土地基本法》明确规定了土地整治的概念、任务、目标、内容和实施范围。根据该法，整治规划必须充分考虑区域自然资源特点，并由联邦政府、各联邦主体、行政区和市的土地资源与土地管理委员会负责，同时必须确保土地所有者、使用者和承租者的积极参与（秦玉芹、李斐、金雄，2012）。

第二节　其他国家国土综合整治助推乡村振兴的共性路径

一、加强法规建设，提供制度保障

德国颁布关于土地整治的法律法规，其内容和目的由提高农业生产力、完善农业基础设施，逐渐扩展为以促进农村全面发展为目标，把土地整治作为实施乡镇发展计划和实现发展目标的重要手段。具体来看，1918年德国颁布了农地整理法，这一阶段以地块简单合并及调整田间道路为主，目的是提高农业生产力

（丁恩俊、周维禄、谢德体，2006）；1937年制定土地整理法，这一阶段主要目的以农业基础设施的完善促进农业发展为主（谢德体，2007）；1953年德国颁布《土地整理法》，主要内容和目的以乡村综合整理促进农村发展为主。为适应土地整理发展的新情况，分别于1976年和1982年两次修订《土地整理法》，修订后的土地整治法律侧重于乡村综合整理与自然保护促进地区发展，重点转变为促进地区经济发展，保护和改善生态环境。1994年《土地整理法》第三次修订推动城市更新与可持续发展结合，城乡统筹促进发展与自然平衡（周雅珺，2016）。

荷兰的土地整治政策注重农村地区的综合发展，通过土地整理处理农业、土地景观、自然资源保护及休闲用地之间的关系，加强以综合土地利用为目的的乡村发展。荷兰十分注意在土地整治工作中不断完善法律法规，为适应规模经营和机械化生产，早在1924年就出台了第一部相关法案，第一次在法律意义上明确了土地整治。随着土地整治在荷兰的发展，20世纪60年代，土地整治逐渐变成了一种对农村地区进行结构调整的手段。1985年颁布实施《荷兰土地整理条例》，这一新的条例主要是全面保障农村地区的各种利益，目标从单纯的农业生产转向农村土地多重利用——生态、保护和景观（谢德体，2007）。

日本在经历快速的城市化进程中，其土地整治分为农村土地整备和城市土地区划整理。农村土地整备以1899年制定的《耕地整理法》为依据，主要以治理工业、住宅需求增加导致的耕地整理为主。针对二战后的农业萎缩现象，依据1949年颁布实施的《土地改良法》，通过合理规划，将农户分散经营的农地集中合并为标准田块，并拿出原有面积的5%～6%建设公共基础设施。20世纪70年代中期到80年代末，由于快速城市化导致农村劳动力外流、"空心村"等现象，土地整备工作重心由耕地整理向村庄治理延伸。20世纪90年代后，日本城市化进程趋于稳定，极大改善乡村生活条件，立足于第五次全国综合开发规划，并为了倡导人与自然的协调发展，土地整备升华到国土整治。城市土地区划整理开始于20世纪50年代。战后日本城市开始恢复与重建，1954年颁布实施《土地区划整理法》，并附有实施细则，为道路、给排水及其他公共设施建设预留用地，重点解决城市设施配置的问题。1969年，新修订的《城市规划法》将建设用地整治作为提供住宅和公共设施建设的有效措施。为应对城市化进程的压力，1975年颁布的《大城市法》设定了强制性进行土地整治的土地区划整理促进区域；并在促进区域内设定共同住宅区和集合农地区。日本通过合理开发城乡土地、完善公共设施，提高了土地利用价值（陈鹏、田璐，2020）。

俄罗斯的土地整治工作开始于17世纪，整治工作的主要目的由提高农业生产力，到提升农村生活水准，再到消灭城乡差距，并且逐渐完善了相关法律。1990年颁布的《苏联和各加盟共和国土地基本法》中对土地整治的内涵进行了界定，初始目的为改善生产条件提高农业质量，满足机械化耕作的要求。随着经济的发展，在1993年7月份颁布的《土地基本法》中则对俄罗斯土地整治的概念、任务、目的、内容等都作了明确的规定。工作重心主要为建设准备土地和将因建设打乱地块重新规则化，为农村居民创造城乡等值的生活条件。2001年修订的《土地整理法》丰富了土地整治法律制度的内容，加强了对自然环境和景观的保护，进一步改善了人们的生存环境（乔庆伟、许庆福、王增如，2012）。

可见，具有土地整治成功经验的国家和地区的立法状况，都是以法律或者统一法规的形式出现。其他国家关于土地整治相关的法律目的已经从单纯地改善农业生产条件、提高农业生产效率，发展成为以乡村土地多重利用来实现乡村景观的规划。他们从法律层面保护了乡村地区生态环境和乡村景观，实现了乡村地区的综合发展。因此颁布土地整治法是开展土地整治工作的基础，也会使土地整治开发过程更科学合理。

二、分类整治，多元融资

德国乡村土地整理已形成完善的融资机制和比较成熟的融资模式，在欧洲地区发展农村建设、提高农业生产率、保护生态环境等方面独具典型。在融资机制方面，由联邦政府、州政府、土地所有者和其他团体共同承担。在融资模式方面，对于接近市镇或经济价值较高的待整治土地，多半实施招标制的土地整治模式，与企业或地产商合作，实施产业化整治；而偏僻或土地价值不高的乡村土地，州政府要与土地所有者通力合作，取得他们的支持，将整治成本降到最低（朱鹏飞，2017）。

荷兰大力投入土地整治费用，在城市和农村各自建立了新型融资机制市场和调节型融资机制，为缩小城乡差距奠定了基础，促进了城乡一体化发展。在城市，确立了以各城市为股东的股份合作制；在农村，荷兰发明了农民合作金融制度——农民合作银行。荷兰政府投入充裕，土地整理成本、各部门费用，以及会议费用等均由政府承担（谢德体，2007）。道路、水系、户外娱乐和自然景观保护方面的费用由拥有和负责管理的部门承担。荷兰政府每年用于土地整理项目的资金全部划拨给土地开垦整理局统一管理使用。

日本基于土地资源稀缺的国情，在推进农业生产、乡村发展、生态景观方面的土地整治工作中，基本上由政府出资，部分资金由和会和民众承担。虽然日本的《土地改良法》规定，国土整治所需资金由国家、地方和农户共同筹措。但实际上，近20年来，日本政府站在扶持农业的角度，承担了大部分国土整治资金和道路规划建设、给水设施建设等公共设施建设资金，由地方和农户出资的份额越来越小，生态建设的部分则是承担全部费用（乔庆伟、许庆福、王增如，2012）。

俄罗斯土地整理的经费来自联邦预算、联邦主体预算及订户。首先，列入联邦和区域纲要及联邦所属土地的设计勘测工作由联邦预算列支；其次，根据国家政权执行机构、管理机构及地方自治机构决议所进行的设计勘测工作由各级预算中土地有偿使用收入以及国家对农业生产损失补偿支付；最后，按订户要求所进行的现场划界、用地整理、农用地改良及防治泥石流、滑坡、淹浸、盐碱化及其他土地整理工作，由订户负责支付（订户可以为国家政权和管理机构、地方自治机构、企业、社会组织、机关及其他法人）。

可见，由于土地整治的地位、作用以及自身的经济特征所具有的特殊性，土地整治融资具有相当的复杂性和特殊性。上述国家建立以政府投入为主体、社会和民众为辅的多元化融资路径，为土地整治工作长期且有效的实施奠定了基础，从而也增加了城乡居民对土地整治的参与度，调动了民众参与土地整治的积极性，促进了乡村的协调发展。

三、重视土地权属调整，保障农户主体利益

德国《土地整理法》中提到土地整理过程中的权属问题，土地权属是土地利用隐性形态的重要内容，是组织土地利用和土地资源再配置的基础依据（乔陆印，2019）。在土地整治项目立项前，首先明晰项目区的各土地所有者与土地的权属关系。土地整治立项决定中的权属管理包括明确地产所有者的权益和责任，确定土地整理范围以及其中地产的临时限制，确定土地整理区的土地权利人，保证土地所有者的利益，合理调整人地关系（曲福田，2007）。

在日本，零碎的地块和低效率的农业生产让政府格外重视农地的流转与规模化经营。通过开展土地整理，将承租区外租赁农户的土地与承租区内私有农户的土地进行权属置换，在不触动双方土地所有权的情况下，以协商与签订协议的方式进行农地合并。这种土地置换模式有利于解决农田整体规划问题，实现农业的规模化与专业化经营，简化其他不必要的程序，提高土地利用效率（程丹，2015）。

荷兰在土地整治中通过注重土地的权属调整和土地分配的规范化来实施，保障了土地所有者和使用者的利益，尊重了土地参与者的意见。土地权属和土地收益的调整不仅协调自然过程，还协调社会经济的发展。荷兰土地利益分配主要通过四种措施保证：一是土地整理项目的选择或立项必须由项目区中50%以上的土地所有者和使用者决定；二是土地整理委员会的组成必须有项目区土地所有者和使用者的代表；三是土地整理项目规划是公众参与和各方协商的结果；四是土地收益分配以土地整理前的土地价值为计算依据（蒲春玲、吴郁玲、金晶，2004）。

自1991年苏联解体之后，俄罗斯土地流转依靠总统令和政府决定的形式进行。普京政府上台后，颁布的《俄罗斯联邦土地法典》和《农用土地流转法》明确了俄罗斯包括农用土地在内的土地私有化制度，并严格规定了土地买卖程序，确立了俄罗斯土地私有权制度和土地流通制度。在此期间，包括农用土地在内的所有土地都实行私有化，只要经过国家地籍统计的土地就可以进行买卖、租赁、转让、抵押，逐步建立起土地流转市场。

可见，从上述国家的基本经验看，权属调整与土地再配置是土地整治的核心内容。乡村振兴背景下，土地整治作为调控土地利用转型、促进乡村空间重构的有效手段，必须高度重视土地权属调整工作，将其视为协调乡村人地关系的关键环节与内容。

四、政府主导，多元参与，协同推进

在德国，土地整理立项之前，土地管理局要与当地的自然保护主管机关、农业局、水利局等单位进行沟通，以期提出一套在土地整理过程中能兼顾生态环境、自然保护与景观保持等方面的方案。另外，还要听取土地规划局、县级农民联合会、乡镇政府等有关机构和组织的意见和建议。立项之后，如土地整理范围内地产需要重新规划时，还要与农业局、水利局、林业局、交通建设局、文物局、公认的自然保护协会等有关各方共同商讨，以制定具体的实行方案（陈文明、王敬，2018）。此外德国特别重视土地整理过程中公众的参与程度，认为公众的积极参与和广泛支持是土地整理目标最终得以实现的关键，在相关法律中明确规定公众参与的必要性。德国土地整治的执行单位是土地整治参加者联合会，由项目区内的土地和房屋所有权人组成，其权利行使代表为选举产生的理事会，参加者联合会保证土地及房屋权益人自主处理土地整治事务（谢德体，2007）。

荷兰的土地整理主要由有关部门相互配合、分工协作完成。负责土地整理的管理部门有中央土地整理委员会和土地整理服务局，区域政府或省一级政府也逐渐参与到管理工作中来。土地整理项目的实施单位为农村地区水资源和土地资源管理局，同时省一级政府也负责配合进行具体实施工作。另外，还由各方利益集团成立土地整理委员会，具体负责地方土地整理项目的决策工作，地籍管理部门则负责项目实施中的田块划分工作，为计划实施和正在实施的土地整理项目收购土地的任务则由土地管理基金会负责（程丹，2015）。此外，荷兰从法律上明确以"土地整理委员会"的形式保障公众参与，还明确规定"土地整理项目必须获得当地大多数人支持"（何姣云、贺荣兵、龙振华等，2010）。

日本土地整治规划分三级进行：一是国家级规划，主要是确定一个时期土地整治的方针、总体目标和主要任务；二是都、道、府、县级规划，主要是确定区域、规模、投资、权属登记管理；三是町、村级规划，主要是提出项目、实施项目和运营管护。日本土地整治制度规定每五年组织一轮调查评估，涉及每个町、村，调查评估结果要汇总上报，从而为编制下一个五年土地整治计划提供技术支撑。在进行土地整治前，由土地整治区域内各村的村民代表和指导人员组成的委员会对规划方案、土地权属和地块调整方案等进行讨论和表决，经委员会三分之二以上的成员同意后，土地整治工程才开始实施。个人拟参加土地改良，要提出申请，在获得同一地区三分之二以上参加人同意后方可获得参加土地改良的资格。所以从某种程度上说，日本的土地整治不仅是政府行为，也是民众的一种自觉行为，具有广泛的群众基础，避免了项目准备和实施的阻力。

俄罗斯的土地整理工作根据国家政权执行机关和地方自治机关决议，联邦、联邦主体、行政区和市的土地资源与土地整理委员会建议，或涉及其利益的土地所有者、使用者以及有权取得土地的公民和法人的申请进行。土地整理的国家管理由联邦、联邦主体、行政区、市的土地资源与土地整理委员会负责。为了就土地整理的工作组织、进行、资金问题提出方案，协助解决整理过程中出现的问题，国家政权执行和地方自治机关可建立共和国、边区、州、区、市、村的公众土地整理委员会。公众土地整理委员会还监督整理进程和实现土地整理设计规定的合理利用土地的措施，就实施某些措施给予必要的咨询和方法、技术上的帮助，对修改已通过的土地整理文据查明必要性，提出建议。该委员会行使自己的职权直至土地整理设计完全实现。

可见，上述国家进行土地整治工作时，由政府主导、部门协同、公众参与的机制共同实施。同时积极推动公众广泛参与土地整治工作，是为了保护、尊重公众利益和有效监管行政部门。公众参与土地整理项目，可直接了解项目各方面的情况，公众通过参与可提出意见，在项目实际运作中起到弥补单纯技术研究的不足，一定程度上使规划方案更加可行，项目设计更加科学，措施更加有力。

五、引入科学技术，建设土地信息系统

德国十分重视信息技术在土地整治中的应用，土地整治取得的成果在许多领域得到应用，并在软件开发、技术标准的制定等方面均有较好的发展。德国对"3S"（CIS、RS、CPS）技术在土地整理过程中的广泛应用。硬件设施、软件配备、技术标准的有机结合为高效的土地整理提供了科学保障。在软件开发方面，建立了土地整治信息管理系统，实现了信息化管理，并在不同部门之间进行资源共享（朱鹏飞、华璀，2017）。

日本认为科学技术是土地整治效果实现的根本保证。日本在开展土地整治工作时，非常注重工程质量和科技手段的运用，工程设计和建设标准高。日本农田灌溉工程基本实现了管道化，田间排水工程也采取相当比例的管道化设备，并采用机器人进行管道工程的检查，采取有针对性的工程维护，降低维护成本，提高了民众用水的便捷程度（高明秀、赵庚星、王瑷玲，2006）。

荷兰参与土地整理的风景园林设计师不仅做乡村的景观布局、绿化设计等传统业务，也参与到基础设施的路线设计布局、区域种植规划、生态网络设计、当地历史纹理的延续中。土木建筑工程师对基础设施的路线选址考虑得更多的是快捷、便利、实用和成本预算，而风景园林设计师更善于考虑基础设施与沿途风景的融合、协调、线性的衬托。对于生态网络的规划，风景园林设计师会关注当地

自然的发展进程，参考景观生态学的设计，兼顾农业发展、户外休闲、生态自然保护区等进行布局。

俄罗斯数字技术逐步应用于包括温室在内的农业规模化生产领域，农业企业运用数字技术可以监测气候变化，降低风险和劳动力成本，还可以有效规划田间工作，提高资源利用率。数字技术还被用于打造农业全产业链，如俄政府扶持建立了一套农业数字生态系统，这个平台上进驻了种子、肥料、农机、农业技术等领域的数百个供应商，产业链以数字化的形式在系统中不断完善，农户可在此平台上进行注册并借助系统在种植前购买种子、肥料等农资；种植过程中可以获得各种农业技术帮助，例如通过卫星图像监控庄稼生长；农产品收获后还能在该系统上完成销售；如果有资金方面的需求，还可以申请金融服务，利用更加简化的程序获得优惠贷款。

可见，土地整治中涉及的乡村建设、农业生产率、民众增收率是复杂的系统工作，涉及的技术环节多，其成果影响到国民经济的各个领域，信息工程新技术对于提高土地整治工作水平、质量和效率有重要作用，及时广泛采用新技术是提高土地整治服务乡村振兴能力的一条重要途径。

第三节　其他国家国土综合整治助推乡村振兴的政策启示

一、国土综合整治需要有完善的制度保障

为实现全域国土综合整治目标，国外许多国家均制定了有关于土地整治的法律法规，将土地整治活动纳入法治化轨道，并适应形势的需要，不断予以完善。例如，德国于1953年颁布了《土地整理法》，并进行了多次修订（霍原，2004），德国各州在此基础上，进行修订和完善，最终形成关于土地整治的法律体系。德国的《土地整理法》明确规定了土地整治的目的、任务和方法、组织机构及其职能、参与者的权利与义务、土地整治费用、土地估价、权属调整及成果验收等内容。德国的土地整治正是在该法律的指导下进行有序展开。荷兰是最早开展土地整治项目的国家之一，《荷兰土地整理条例》对其在土地整治工作上进行了合理的指导与规范（李炼军，2006）。

我国的土地整治活动多依靠政府的行政命令，法律约束性不强，虽先后出台了部分关于整理开发的文件，但至今法律层面上仍没有针对土地整治的详细具体的专门法律，这导致土地整治的不确定性增大，进行整治与不进行整治没有明确的法律责任制约。土地整理涉及的部门、利益群体繁多，仅仅依靠政策、行政法规的调整远远不够，因此，制定门类齐全、科学配套的法律体系意义重大。

二、多渠道融资确保项目资金充足

土地整治是一项涉及面广、工作量大的系统工程，需要大量的资金投入，这是开展土地整治的关键。国外土地整治成功的经验表明：实施土地整治是调整土地利用结构和土地关系的政府措施，必须建立以政府投入为主体的资金体系，才能使土地整治按照符合长远和全局利益的要求实施。稳定土地整治的资金投入渠道，土地整治才有物质保障。德国的土地整治费用一般由政府资助80%，对于自然保护和景观保护，全部由政府资助。俄罗斯土地整治的经费来源主要是联邦政府、联邦主体预算及订户。然而，受历史和现实各种社会、自然因素的影响，我国部分地区相对来说经济发展水平较低，资金缺乏成为进行农地整理的最大障碍和关键制约因素。所以我国开展土地整治首先要解决"资金从何而来"的问题。国外在土地管理中推行的土地储备制度、土地征用制度、土地银行制度乃至土地资本的运营、土地税收等都对我们建立土地整治基金有启示和借鉴作用。

我国的土地整治应当以体现政府的投入为引导，同时还考虑其他筹资渠道，包括开发、信贷等专项资金，建立资金保障机制。当地集体经济组织和个人主要是投工投劳，在不增加农民负担的前提下应当作适量的资金投入，即建立以国家和地方投资为主，鼓励农户积极参与的投资模式，形成国家、集体和农户三方为主体的投资体系，加快我国土地整治产业化建设步伐，共同做好土地整治。

三、重视国土综合整治中的土地权属调整

土地权属关系调整是土地整治的关键环节和重要内容，也是土地整治过程中最复杂、最直接影响参与者利益的中心工作。而我国土地整治的工程化特征显著，长期忽视或者搁置土地权属关系的调整。这种过于重视农村土地整治工程建设属性而忽视其社会治理属性的做法，已经使得农村土地整治偏离了本源，并在一定程度上抵消了其发挥的正面效应（刘新卫，2017）。从各国的实践来看，

许多国家特别重视土地整治过程中土地权属的调整，并且在权属调整方面积累了丰富的经验。土地整治前要进行测量、确权和估价等工作，整理形成新的权属关系后，要及时进行变更登记。权属调整与分配以估价为基础，遵循市场原则操作。

四、健全组织管理机制，建立评估监督体系

随着我国土地整治工作的不断深入，业务领域的不断扩大，部分省份土地整治机构的专业结构、职能定位、人员编制等已不能满足事业发展的需要。部分地区土地整治工作起步较晚，还未设置专门的土地整治机构。这种情况下，应加快建立相关的土地整治机构，已经建立土地整治机构的地区应进一步加强和完善机构的内部建设。土地整治是对田、水、路、林、村进行的多方面综合整治，涉及农业、国土、水利、交通、林业、规划和环保等多个部门，因此，一项优秀的土地整治计划必然是各个部门有序协同合作的结果。然而，受部门利益、管理模式、运作方式等因素的影响与制约，相关部门在具体组织实施项目建设时缺乏统一标准和协调配合，难以实现统一管理。未来土地整治工作可考虑由土地整治中心牵头，在土地整治的各个阶段，举办多方听证会，听取各方意见，协调各部门利益，最终达到土地整治效益最大化的目标。

土地整治不能为整治而整治，整治的效益应具有可持续性，因此，应重视相关评估工作与工程的事前、事中、事后质量监督工作。项目评估可从社会影响、经济影响、环境影响与可持续影响等方面进行，并逐步建立项目评估体系。另外，建议在有条件的地区建立村民土地整治委员会，所有参加土地整治的村民都有项目监督的权力，形成上至国土资源部、下至村民土地整治委员会的监督体系。

五、构建科学合理的土地整治技术体系

土地整治是土地管理的重要手段，也是生态文明的重要抓手。土地整治技术是土地整治工作顺利推进的重要保障。土地整治技术的应用，可以使得土地提高利用率，确保土地有较高的产出率。因此，正确认识土地整治技术的重要性并加大土地整治技术的创新力度是必要的。

土地整治的技术创新主要围绕土体有机重构等基础研究，突破传统整治技

术，创造新的方法和技术，强化退化荒废土地修复、污染损毁土地治理、耕地质量提升等技术、体系的创新研发；围绕应用模式，加强土地整治的工程化、生态化技术等的创新应用；围绕技术规范，促进土地调查评价、建设工程节地等技术的全面发展，构建标准化工程技术规范。从理论、技术、工程、模式、标准、规范等方面构建科学合理的土地整治技术体系。

第七章　进一步提升全域国土综合整治助推乡村振兴效能的建议

我国的全域土地综合整治目前仍处于起步阶段，反映出来的问题不少，涉及全域整治涵义理解、农民主体意识、政策指导、多功能多尺度空间组织模式探索、政策整合创新、技术规范等方面，需要在实践中不断总结、改进和完善。

第一节　完善全域国土综合整治管理的系列制度

一、健全全域国土综合整治的法律法规

健全的法律法规是实施全域国土综合整治的基础，许多国家在相对完备的土地整治立法指导下，通过建立有效的土地整治机制使土地整治活动得到充分法律保障。例如德国为保障土地整治的开展，于1953年制定了世界上首部关于土地整理的法律。荷兰有土地开发法、空间规划法等一套完整的法律体系保障荷兰土地整治和土地开发的实施。随着全域国土综合整治试点在全国范围内的开展，必会不断出现各种问题，应及时采取措施，集思广益，剖析原因，探讨解决问题的思路对策，健全法律法规，对全域国土综合整治的目标、程序、参与主体的权利和义务作出明确的规定，使全域国土综合整治工作有法可依。

二、优化全域国土综合整治的管理架构

全域国土综合整治实施过程涉及自然资源、农业农村、交通运输、财政、审计等多个部门，可通过成立由各部门主要负责人组成的全域国土综合整治工作领导小组，统筹和指挥全局工作。领导小组下设办公室作为执行机构，负责信息整

合和日常事务处理，可设置在作为主管部门的县自然资源局，由自然资源部门业务骨干和各职能部门的联络员组成。领导小组通过召开专题会议，分解全域国土综合整治各项任务，确保每项任务落实到部门，有专人负责。办公室工作人员要实时跟踪项目进展，定期通报各单位完成情况，对进度落后的部门亮黄牌，督促其尽快落实工作。各部门要加强沟通协调，工作领导小组要不定期召开联席会议，集思广益、群策群力，及时解决工作落实过程中面临的困难和问题，并安排部署好下一步工作，保障全域国土综合整治工作稳步推进。

自然资源部门及乡镇政府等政府部门要加强对工程的全过程监管，定期开展巡查。要发挥项目区村干部和党员的堡垒作用，带头对施工情况和监理情况进行监督，同时要调动当地村民积极性，鼓励全体村民都参与到监督中。对于有监理单位的重点工程，要求监理单位做好全程监管工作，及时处理影响工程质量的问题并每周汇报工程的进展和建设情况。

三、构建以村民为主体的公众参与机制

各级自然资源部门要通过媒体、互联网、微信等媒介积极开展全域国土综合整治政策宣传工作，形成浓厚的宣传氛围，扩大政策的影响力，让更多的群众了解全域国土综合整治内容。在项目实施前，乡镇人民政府、基层自然资源部门要进村入户开展政策宣讲，并结合悬挂横幅海报、流动宣传车等手段，尽量保证所有村民都能理解整治工作的内容和流程，真正明白全域国土综合整治将关系到切身利益，使其积极主动地融入整治工作中，以保障自己的利益不受损失。

建立适当的奖励机制，根据村民在项目实施过程的贡献程度予以奖励，充分调动村民的积极性。例如给在规划设计征求意见时提出可行性建议或是积极参与工程质量监督的村民予以一定的物质激励，对参与项目后期管护的村民提供技术支持和资金补助。同时，也可鼓励农民参与到项目施工中，提升村民的参与程度，例如可优先选择村民承包部分工程或是投工投劳参与过程，既能监督工程的实施质量，又能增加村民的收入。村民是整治成果的最终受益者，整治项目必须保证村民的主体地位，充分体现村民的意愿。整治前期谋划阶段，要充分掌握民情民意，做好不动产权属调查、入库、登记、发证工作，确保权属无争议。要建立村民参与保障机制，政府部门打造沟通平台如热线电话或是开通全域国土综合整治专题网站，保证信息公开，保证村民反馈渠道畅通。政府部门要丰富公众参

全域国土综合整治助推乡村振兴的湖北探索

与的方式，通过座谈会、听证会、公告公示等方式，鼓励各利益主体的主动参与，充分征求各利益相关者的合理诉求。可通过问卷调查、电话抽样等方式，掌握村民对政策的了解程度以及对项目的满意度。村民可自发成立联合会等组织，整合分散的力量，改变弱势局面，以平等的身份参与协商全域国土综合整治的全过程，有效提高项目实施效率。

四、加强全域国土综合整治资金保障

全域国土综合整治涉及政府财政专项资金多而杂，要充分整合土地整理、"五水共治"、"五好公路"、美丽乡村建设、小城镇人居环境综合整治等项目专项资金，并制定整合后的资金管理办法。通过统筹使用整合后的项目资金，集约节约使用财政资源，将剩余资金调剂到其他子项目使用，发挥资金叠加效应，提高资金使用效率，保障项目顺利实施。整合各类专项资金有利于加强资金使用监管，通过设立全域国土综合整治专款账户，严格按照资金管理制度要求，建立资金使用台账，并将资金使用情况按规定期公开，接受社会监督。财政、审计等部门也要加强资金监督，确保整合资金不被挪用、挤占。

积极探索社会资金参与全域国土地综合整治的途径，扩展融资渠道，拓宽项目资金来源。鼓励有条件的村集体或村民群体在政府指导下自主开展全域国土综合整治，自筹资金或是使用集体存量资金，壮大集体经济，增加可持续的经济收入。鼓励社会资本参与全域国土综合整治，对投资到达一定规模的主体，在符合法律法规的前提下，允许社会主体发展集休闲旅游、农业生产于一体的田园综合体，或是给予一定的建设用地指标发展养老、旅游等产业。整治节余的新增建设用地，可通过以土地资源作价入股的方式，吸引企业进行第二、三产业开发，改善农村就业环境，吸引村民返乡创业就业，实现乡村复兴。

全域国土地综合整治需要有创新的融资机制，才能形成资本与土地的良性互动，为更公平地分配农地发展权收益提供经济基础。第一，财政融资。逐步引导社会资本加入，进行全域国土地综合整治经营管理，不仅减轻了财政压力，还提高了供给效率。因此政府一方面应加大对民营企业的资质审查，保证挂钩实践的民营企业具备良好的资质和实力；另一方面应当对企业给予财政贴息，调动企业的积极性。第二，间接融资。全域国土综合整治往往外部性强且时间长、规模大，因而银行资金的需求应当主要从政策性银行处满足。政策性银行是财政与金融之间的特殊金融机构。通过借用财政资金和其他政策手段获得大量的长期可靠的和低成本的资金，进而引导了大量社会资本以较少的资金来完成融资。第三，直接融资。伴随市场经济体制的完善和国民经济实力的增强，社会可供资金量剧增，加上金融市场的发展和完善，挂钩开发企业除依托自身经济实力外，通过直接融资的方式筹集资金的条件已经初步具备。项目开发企业可以通过直接发行股票和债券筹集社会闲散资金。第四，项目融资。大多数农村集体经济组织资金实力有限，难以独立完成挂钩项目，需要引进建设企业参与项目。引进企业参与挂钩实践，对农民集体来说既可以拓宽资金渠道又可以获得专业化施工队伍；对参与企业而言，全域国土综合整治是长期而有保障的事业，可以产生工程利润和发展权收益。农村集体引进建设企业进行项目开发，合作方式灵活多样，既可与企业合资、合作，还可通过项目融资的方式实现目标。

第二节　推广全域国土综合整治试点的路径经验

一、村庄规划引领，注重顶层设计

全域国土综合整治服务于乡村振兴战略和可持续发展目标，本质上是通过整合全域乡村内的所有资源并加以高效利用，从而实现经济效益、生态效益和社会效益的均衡化。这就要求全域国土综合整治与村庄规划和详细规划之间做好规划的衔接工作，全域国土综合整治中涉及耕地"占补平衡"、建设用地复垦、农村居民点"拆村并点"的，都应当建立在进行选址适宜性评价和充分调查了解农民意愿的基础之上，切实解决耕地破碎化、农村空心化、人口老龄化、土地利用低效化、配套设施落后等现阶段众多农村发展时面临的核心问题。从全域国土综合整治顶层设计角度出发，探索规划体制中全域国土综合整治与其他规划之间的传导机制优化。赋予全域国土综合整治工程专项规划的地位，使其空间规划的任务、目标、实施单位等方面有效衔接起来。此外，由于全域国土综合整治工程和村庄规划在编制过程中存在交集，可以尝试在时间层面上将二者尽可能调整至同步，协调统一规划编制主体，从而保证规划传导的流畅性和相互促进的系统性。因此，对全域国土综合整治予以顶层设计上的改进，不仅能够帮助指导工程项目的实践，同时能够有效落实上级规划传达的目标和任务，确保各个约束性指标的一致与延续。全域国土综合整治强调经济效益、生态效益和社会效益的协调统一，基于景观生态学理论重构村镇的景观格局并提出一个最优的方案，对于提升景观多样性和生态系统稳定性，营造景观生态安全格局和实现可持续发展目标有重要意义。

二、协调保护与发展，以产业赋能可持续发展

结合全域国土综合整治的总体定位以及区域主导产业的资源优势，构建"农业产业生产链条、全域生态旅游链条、生态农林经济链条"的一二三产融合体系，打造集"学、研、产、乐、居"于一体的综合体。以全域国土综合整治为基础，形成融合种植、施肥、农场经营、销售、储备的生产体系；整合生态山体和绿色林木资源，将生态保护融入特色旅游，构建美丽乡村体验旅游产业链；依托林地资源和特色资源，打造主题化消费场景，搭载多元化产业载体，以对接不同的市场需求，形成"农业经济＋绿色加工＋林域休闲"的生态农林经济链条。通过全域国土综合整治，尤其针对耕地破碎化、非农化等问题，完善各类基础设施，提升耕地质量和农田利用率，促进耕地规模化以及耕地相关的核心产业发展，进一步提升农民的人均收入水平，推动建设现代高效农业产业园区。除此之外，全域国土综合整治以促成乡村"农业＋产业"发展模式为引导，充分挖掘并发挥区域文化资源优势和历史底蕴。对计划保留的村落实施用地功能置换，依托保留地块的建筑载体着力培养一核多元的优势产业链，重点构建"农业＋X"优势产业的互补机制，围绕旅游、度假和智慧农业的发展，配套相应的外围产业，为区域创造更多的就业岗位，同时吸引更多的青年人才加入到村镇发展中来。

三、生态保护为底线，以全域整治驱动功能分区

在生态文明建设的大背景之下，村域发展面临着生态保护和经济发展之间的矛盾。而现有全域国土综合整治方案仍大多关注耕地保护和城乡建设用地复垦指标，在生态保护和景观生态多样性方面有所欠缺，划定功能分区有利于实现小规模的集聚效应，没有明确各个分区的功能导向与发展定位，没有起到充分保护生态空间、高效利用生产空间的效果。因此，优化全域国土综合整治的规划方案，应当充分考虑区域可持续发展的目标。一方面，全域国土综合整治要落实村庄规划中有关生态保护的要求，对生态红线区内的空间实施刚性管控，同时使不利于

发展生态产业的村落向着产业发展、区位条件相对较好的村落就近迁移；另一方面，以景观生态规划的方式调整区域整体景观格局，从而维护区域生态安全。以优化区域生产、生态、生活空间格局为目标，综合分析土地利用现状、产业发展特色、自然禀赋条件等情况基础上，制定全域国土综合整治的规划方案。

第三节　创新全域国土综合整治收益增值共享机制

全域国土综合整治过程中涉及众多利益相关者，分为主要利益相关者、次要利益相关者、潜在利益相关者。主要利益相关者包括中央政府、县级人民政府、县级自然资源部门、工程承包商和村集体经济组织。主要利益相关者由于自身特征和所处地位的不同，相对应的利益诉求、利益表达以及利益冲突会存在一定的差异。在全域国土综合整治各主要利益相关者的利益诉求、表达以及冲突之下，利益共享机制的焦点是进行合理的利益分配。制定完善的利益共享机制是确保全域国土综合整治工作顺利推进的基础。

一、明确参与利益主体责任

在全域国土综合整治过程中，政府部门、社会资本方、农村集体组织等这些存在利益关系的各主体处于分散形式，呈现出各自为政的局面，缺乏合理性。对于整治工作的开展而言，需要多元化主体进行参与。在此过程中，政府部门所起到的作用是最为关键的。在进行整治试点工作执行的过程中，政府所具有的权力比较广泛，如资源分配权力、组织安排权力等，政府应积极进行协调，建立完善的权力责任制度，从根本上明确利益相关者之间的平衡因素。结合实际情况进行分析，有效促进各利益相关者积极地参与到整治工作中，依靠行政力量进行统筹控制。在整个过程中，明确职、权、利三方结构关系，形成政府为主导，各利益相关者为辅助的共同整治局面，最大程度上明确各利益者之间的职责内容。在进行全域国土综合整治过程中，采取了利益共享机制，主要是为了能够实现各利益关系者在利益上的均衡。但是从多元化特征来看，不同性质的利益主体在利益追求上存在一定的差异，在整个整治过程中所担任的角色为"经济人"，这就导致了在进行利益最大化追求的过程中出现利益冲突。这些冲突在形式上不可避免地会对整个整治工作产生巨大的影响。此外，因为全域国土综合整治工作存在一定的地域性、整体性，这就决定了整治周期长，在此过程中涉及的不同性质的利益相关者，无法单独实现依靠自身力量进行整治工作的完成。所以政府相关部门应积极完善利益共享机制，明确各利益关系者之间存在的关系及诉求问题，积极平衡利益关系。依照市场规律实施优惠政策，保证在整治工作中地区生态、基础设施等能够实现有效的改善。在利益者争取自身合法权益的基础上，支持全域国土综合整治的工作，有效推进整治工作的进行。

二、参与各主体利益均衡

在进行全域国土综合整治过程中，必然会为社会和经济带来很好的效益。所获得的效益主要是来源于整治过程中形成的特色产业、土地增值收益等方面。全域国土综合整治可以有效地完善地方基础设施，这对于推动农村发展有着重要的作用。在全域国土综合整治过程中，政府应积极完善保障措施，在最大程度上平衡利益关系者的利益冲突，降低政府部门与村民集体之间的地位差距。而且部分地方更注重以全域国土综合整治为平台搞规模化现代农业等形象工程，甚至不惜牺牲农村集体的长远利益，将整治后的新增土地指标全部置换用于工业或城市对外扩张，村民则希望在全域国土综合整治的过程中得到短期能见成效的，或者更切合自身实际的利益收入。政府部门与社会资本方之间也存在利益抉择上的冲突，这种情况的存在，在很大程度上会导致村民的利益受损。针对利益方面的分配，政府要制定完善的平衡机制，防止利益冲突情况的发生。在进行多方利益均衡调解过程中，政府要进行宏观调控，既要保证积极效应的增长，同时也要确保各方利益不受损失，这样才能保障整治工作的可持续发展。

三、构建利益评估机制

建立完善的利益评估机制，对地方政府、社会资本企业和农村集体经济组织在全域国土综合整治过程中利益获取和利益损失进行科学评估。对政府而言，利益所得主要考虑财政收入和政治利益，损失主要是整治之后的社会风险；对社会资本而言，利益获取主要来自完成全域国土综合整治之后的特色产业发展以及企业效率提高所带来的收益，利益损失主要是农用地整治、建设用地整治以及生态环境保护等费用；对农村集体经济组织而言，利益所得主要土地整治补偿、生存条件的改善和经济水平的提高，同时农民的主要利益源于全域国土综合整治之后的就业保障和特色产业的分红等，利益损失主要为土地整治过程中农业生产资料的损坏、建筑物拆迁的变化以及适应新生活的成本等。适当增加农村集体组织付出的成本，会促使他们更加在意全域国土综合整治工作的开展程度，对社会资本企业的配合程度也会越来越高，全域国土综合整治工作的开展会更加顺利；企业投资改善生态环境的风险会显著降低，同时也会缩短投资成本的回收周期，企业会更加愿意去投资和配合全域国土综合整治工作。

四、利益共享监督机制

在全域国土综合整治开展过程中，要想实现利益共享，就必须建立利益表达平台，并制定具有合理性的利益关系监督机制。首先，通过组建全域国土综合整治利益共享监督机构，赋予其相应的监督权，保证各利益相关者的基本利益诉求得到满足；其次，保证利益共享监督机构具有相应的监督手段，在进行监督时要坚持原则，避免做出单纯追求结余建设用地指标流转或者其他单纯追求经济发展的行为；最后，在利益共享监督机构的组成过程中，为保证整治工作的有序进行，要将各利益关系者都纳入到监督机构中来，形成具有多元化的利益共享监督机构，这样才能代表不同的利益关系者的诉求。在利益共享监督过程中，各利益关系者都要积极地履行责任和义务，保证监察行为能够有效进行。

第四节　提升全域国土综合整治信息化管理能力

针对目前全域国土综合整治资料繁杂导致的业务工作量大、项目管理模式单一等问题，亟需建立全域国土综合整治信息一体化管理系统。在全域国土综合整治过程中，需要对全域国土综合整治管理的业务需求和业务数据进行分析，梳理全域国土综合整治的业务管理流程与业务数据之间的关系；需要分析项目业务数据以及涉及的相关过程，列出系统运行相关各项实体的关系图表，对全域国土综合整治执行各个阶段的有关数据、图件和文档资料实现信息化管理，并建立信息系统数据库；需要即时更新空间信息和属性信息，实现全域国土综合整治业务的动态监管；实现对用地地块数据的空间、属性一体化存储管理；要充分运用地理信息系统技术，将地理信息数据库与项目管理属性数据库连接后共同构成全域国土综合整治"一个库"信息数据库，最后生成全域国土综合整治管理工作所需的"一个图"，实现全域国土综合整治从项目入库到竣工验收的全流程业务信息化管理，同时实现地图管理系统功能从用地资源管理、地图可视化升级到全域国土综合整治成效综合评价体系。也需要提高全域国土综合整治的管理和决策分析支持水平，改善以往土地整治成果标准不统一、组织形式分散的问题，实现多源数据从项目管理到地图管理。在项目审批业务过程中，系统通过加强与地理信息空间基础信息平台、项目审批管理系统、土地整治信息系统联系，实现多部门联动和协调运作，推进项目管理全过程协同运转。

一、提升全域国土综合整治信息管理综合化程度

在全域国土综合整治工程的推进过程中，随着工程规模的扩大和整治标准的提升，提高管理水平的关键在于集成现代化技术手段，推动信息化进程，达到综合化水平。具体措施包括利用卫星遥感和无人机技术获取高精度、广覆盖的土地信息数据，涵盖土地利用现状、类型和地形地貌等，为整治规划和决策提供准确的数据支持。结合全球定位系统和地理信息系统，精确获取地理位置信息，实现对地块边界和地形变化等的精准监测与管理。引入先进的节水灌溉技术和水资源管理方案，优化土地利用方式，提高水资源利用效率，降低水土流失风险。采用生物修复、化学修复和物理修复等多种技术手段，改善受损土壤质量，提升土地生产力和生态环境质量。建立全域国土综合整治的信息化管理平台，包括数据采集、存储、处理和共享，实现对整治项目各个阶段的全面监管和管理。借助人工智能和大数据分析技术，对土地资源进行多维度分析和预测，为决策者提供科学依据，优化整治方案和资源配置。通过综合应用以上技术手段，有效推动全域国土综合整治的信息化发展，实现资源利用的最优化和生态环境的持续改善。

二、提升全域国土综合整治信息管理智能化水平

在全域国土综合整治工程的推进中，信息管理的智能化水平对项目执行效率和效果的提升至关重要。首先，引入现代可视化技术，如虚拟现实（VR）和增强现实（AR），能够实时展示和分析整治工程的复杂数据，为决策者提供直观、准确的信息支持，有助于快速作出科学决策。其次，采用区块链技术确保数据的

安全性和完整性，建立信任机制，有效防范数据篡改和信息泄露的风险，从而提升信息管理的可靠性和透明度。这种技术的应用不仅增强了数据管理的安全性，还能够保证数据的不可窜改性，为各利益相关者提供了一个可信赖的数据共享平台。最后，加大对人工智能和大数据分析等智能化功能的研发力度，能够深化对土地资源利用和生态环境变化趋势的理解。通过数据挖掘、模式识别和预测分析，可以为优化整治策略和资源配置提供科学依据，进一步提高项目的执行效率和成效。通过不断加强可视化技术、区块链技术及其他信息化技术的研究和应用，全域国土综合整治信息管理的智能化水平将得到显著提升。这不仅有助于工程管理的精细化和科学化，还能有效推动生态环境质量的持续改善，为实现可持续发展目标提供坚实的技术支持和保障。

三、强化全域国土综合整治信息管理的全过程动态化

在全域国土综合整治工程的推进过程中，信息管理的智能化水平对项目执行效率和效果的提升至关重要。通过引入先进的传感器技术和遥感卫星，实现对整治区域各项数据（如土地利用变化、生态环境指标等）的实时采集和监测，能够动态反映项目实施过程中的变化和效果，为决策者提供即时的科学依据和信息支持。借助大数据分析和人工智能技术，对实时采集的数据进行深入分析和挖掘，可以识别出变化趋势、问题点和优化机会，为决策提供智能化的支持。同时，开发和应用实时监控与预警系统，通过数据模型和预测算法，及时发现可能影响项目执行的风险和问题，提前预警土地利用变化、生态环境变化等关键指标的异常情况，有助于管理者及时调整策略和措施。为促进信息共享和管理的透明化，建立开放式的信息共享平台至关重要。通过区块链技术确保数据的安全性和可信性，建立起多方参与、信息透明的管理机制，促进决策的公正性和科学性。同时，设立定期的项目评估和改进机制，利用动态化管理系统收集的数据，对项目实施效果和管理效率进行全面评估，根据评估结果及时调整和优化整治策略。通过以上措施的综合应用，可以有效强化全域国土综合整治信息管理的全过程动态化，为可持续发展提供坚实的技术支持和保障。

第五节　防患全域国土综合整治过程中的三类风险

一、多渠道创新融资模式,化解项目融资安全风险

建议出台相关政策,鼓励银行参与,整合涉农资金,吸纳社会资金,多渠道方式助推全域国土综合整治项目建设。结合各地实际情况,拓宽补充耕地资金渠道,统筹使用好各渠道所筹集的项目实施资金,充分发挥和引导资金杠杆作用,吸引社会资本、金融资本等参与全域国土综合整治项目建设,鼓励采取公私合作模式、以奖代补等方式,完善全域国土综合整治多元投入机制。

(一)设立地方政府全域国土综合整治专项基金

设立全域国土综合整治专项收益基金,加强对土地指标出让金的管理和规范。专项基金来源可以是财政拨款,可以从耕地占用税留成中划出,也可以是土地复垦基金、农业发展基金等,政府投资包括国家投资、省政府投资和地市政府投资三部分,既可以满足下一步全域国土综合整治项目所需巨额资金需求,又可以平衡地方政府利益,避免"寅吃卯粮"的短期行为,建立中长期专项基金管理制度,利用基金管理模式,充分利用当期政府财政收入,增加资金使用并关注有效投资长期性。

(二)创新金融模式,鼓励商业银行参与

建立政策性贷款,根据土地抵押债权申请土地抵押贷款,全域国土综合整治项目带来的收益与银行按照一定的比例规则进行分配。在资金的管理上应加强监督机制,确保项目资金按照支出项目分类核算,做到项目款项专款专用;同时以地方政府信用背书,保证全域国土综合整治项目符合商业银行风险管控要求;通过利益分成的方式,可以有效增加融资贷款收益,提高商业银行等金融机构积极性。如银行土地指标类信贷业务,适用于能够增加耕地"占补平衡"和建设用地增减挂指标的项目、中低产田改造、土地复垦(采煤塌陷地、农村宅基地等搬迁区、工矿废弃地等复垦)等各类耕地质量保护与提升工程。该项业务作为一种贷款模式,主要解决还款来源问题,适用于所有贷款产品,包括农村土地流转与规模经营贷款、林业资源开发与保护贷款、旅游扶贫贷款、海洋资源开发与保护贷款、旅游扶贫贷款、农村流通体系贷款等产品。

（三）整合利用各类涉农资金，完善公私合作模式

政策规定，允许社会资本通过特许经营等方式参与城市基础设施投资和运营，因此可以推广运用公私合作模式，与政府建立长期合作关系，社会资本承担全域国土综合整治项目规划、设计、建设、新增耕地指标入库、后期工程管控维护等工作，并获取合理的投资回报，同时政府负责对项目施工质量、施工安全管控、项目后期运营维护等进行全过程监管，保证公共利益最大化，既可有效缓解地方政府财政负债压力，又可以提高项目融资效率，降低全域国土综合整治项目融资成本，有效解决资金错配难题。争取自然资源部、各省自然资源厅的支持，聚集各种惠农资金，发挥"大钱"办大事的作用，探索制定优惠政策，鼓励多方投资并参与项目建设，通过吸纳社会资金助推全域国土综合整治项目建设，例如将全域国土综合整治项目所增加的耕地"占补平衡"和建设用地增减指标交易收入作为还款来源的模式。

二、多举措加大管理力度，遏制耕地非农非粮化风险

（一）严格用地管理，解决耕地非农非粮化增量

一是在全域国土综合整治项目区内，进一步厘清自然资源部门、农业农村部门等政府单位的责任范围与执法权限，建议耕地监管和行政执法由同一个主体执行，避免因职责交叉、界限不清导致监管混乱或缺位。二是将土地利用监管纳入县、乡（镇）日常土地巡查范围，利用数字化、智能化技术，构建网络执法系统，扩大全天遥感监测范围，实行实时动态监管，推行"田长制"，建立自下而上的监控管理体系，对耕地非农非粮化风险做到早发现、早报告、早查处、早制止。三是强化粮食生产功能区管理，严格"三区三线"划定，从省级层面出台对粮食生产功能区的保护举措，严格查处各种非农非粮化用地行为，对粮食生产功能区保护不力的村集体取消经济补助和有关政策扶持。

（二）大力开展全域国土综合整治，加强耕地集约利用

一是创建多元化的投入机制，除政府投入外，创新投入激励机制，通过全域土地综合整治激励机制进一步引导社会资金进入项目，提高社会耕地保护的积极性。二是严格控制城镇发展边界规模，通过全域国土综合整治推进城镇从"规模扩张"向"功能建设"转变，重点把城镇周边、交通沿线等易被占用的优质耕地

优先划定为永久基本农田，防止非法占用、转用。严格遵守农村土地50％以上出让收益用于耕地保护基金。三是集约利用农村居民点用地，加大对农村居民点用地的整治力度，调整其用地规模与布局。

（三）建设耕地保护基金，培育耕地经营新型主体

一是通过财政拨款、耕地占用税留成、土地复垦基金、农业发展基金等，多渠道筹集资金建设区域耕地保护基金，专项用于耕地保护转移支付和耕地保护补贴。耕地保护补贴向懂技术的种粮大户等新型经营主体倾斜，最大限度发挥其人力资本和技术优势。在现有粮食直补政策基础上，对粮食生产功能区内主体给予更多的耕地保护补贴和奖励，并给予信贷融资、农业保险等金融支持，保障粮食生产功能区内种粮农户的收益，让农民"想种粮、能种粮、会种粮、种好粮"。二是充分发挥村集体在优化和完善土地资源配置中的作用，粮食生产功能区实行村集体返租倒包、统一管理，降低个体农户土地流转交易成本。结合永久基本农田集中连片整治项目，推动土地经营权流转，全面提升粮食规模经营水平。三是提高社会化服务水平，逐步扩大生产服务托管面积，利用政府公共服务降低粮食生产的服务成本和机械设备的边际使用成本，进一步提高种粮收益能力。四是通过全域国土综合整治进行高标准农田建设和宜机化改造，推动农机农艺相结合；研发推广适应丘陵地形且适应设施大棚的微型化、轻便化、多功能农机装备，打破资源环境约束，发挥丘陵山地在粮食增产增收方面的作用。

三、多途径齐抓共管，降低整治工程生态风险

（一）增强生态管理意识，完善生态立法

首先全域国土综合整治工作都有法可依，项目实施都是依法办事。在土地管理法中明确全域国土综合整治工作中生态建设的重要性，健全全域国土综合整治过程中相关的法律法规，提高政府和人民的生态建设意识，严厉整治违法乱纪行为，如保证整治中新型环保材料的生产质量，对以假充真、以次充好的行为，依据法律法规对生产商、运营商进行处罚。为了确保全域国土综合整治工作中关于生态环境建设及保护的有关内容得以顺利推行，必须全面建立及健全生态建设，不断增强生态建设各项工作的可操作性。

（二）强化全域国土综合整治中生态规划

在全域国土综合整治规划中加入土地生态专项规划，尽可能改善并解决整治中的生态问题。全域国土综合整治规划存在控制性，利用对全域国土综合整治的逐一分区及管理，以充分发挥土地整治作用，进一步提高对土地资源的调控能力。要想提高全域国土综合整治取得的经济效益、社会效益及生态效益，就应当科学、合理编写土地生态专项规划。通过对土地生态规划展开分析，以生态学相关理论为依据，有机结合生态学知识，明确土地实际利用情况，进而正确把握土地整治方向。

（三）强化全域国土综合整治的环境影响评价和后评价

实现耕地总量动态平衡是我国国土管理的重要手段，因此全域国土综合整治更强调增加耕地面积，对其产生的环境效应重视不够，忽视了对生态多样性、土地景观的保护和开发，易使整治后的自然景观、社会经济和生态环境遭到一定程度的破坏，甚至危及土地可持续利用和社会经济的可持续发展。在全域国土综合整治开始之前，以土地生态要素为基础进行生态价值和功能评估，并提出整治方向和措施，这是整治项目立项和实施前的预评价，主要为全域国土综合整治规划及具体项目的规划设计提供科学依据，为决策者在选择项目时避免风险和改善生态功能等方面提供较为直观的决策依据（王军等，2003）。对于具体的全域国土综合整治项目，需要进行建设项目的环境影响评价。强化对全域国土综合整治的环境影响评价，可从中、宏观层面及时间尺度上了解整治的环境效应，提高全域国土综合整治规划的科学性。对全域国土综合整治项目进行环境影响后评价，可了解开发前后周围环境质量的变化情况，全面反映全域国土综合整治对环境的实际影响和环境补偿措施的有效性，总结经验教训，为全域国土综合整治的实施提供科学的依据。

第六节　强化全域国土综合整治过程中的耕地"进出平衡"保护

2021年11月，自然资源部、农业农村部、国家林业和草原局联合下发166号文件，明确了严格落实永久基本农田特殊保护制度和严格管控一般耕地转为其他农用地，提出了耕地在农用地之间流入与流出实行"进出平衡"的制度。因此，在全域国土综合整治建设中，要进一步强化耕地"进出平衡"保护。

一、建立省域间的耕地进出平衡指标交易市场

允许在全域国土综合整治项目区域内耕地"进出平衡"调控，无法自行完成耕地"进出平衡"的全域国土综合整治项目，可以实施跨项目区实施耕地"进出平衡"指标交易。以省为单元建立耕地"进出平衡"交易指标库，允许耕地"进出平衡"指标省域内交易，鼓励社会资本对耕地流入的土地进行复垦，确保耕地流入获得多元化资金保障。

二、完善耕地"进出平衡"的对接、验收与监管机制

依据县级人民政府编制的年度耕地"进出平衡"总体方案，按占用耕地流出的规模、布局、时序和年度内落实"进出平衡"的总体安排，优先复垦与所占耕地数量、质量、等级相当的耕地。对无法自行完成复垦的耕地流出占用耕地方，要求其不仅承担耕地流入农用地复垦实施的工程等费用，还要承担耕地流入的土地使用权人的补偿费用，并明确以实施复垦所需成本为基础，折算其占用耕地应缴纳的费用标准，由县级自然资源部门或社会资本承担耕地流入农用地复垦的实施。建立以县级土地整治机构、社会资本等多元实施主体，县级主管部门为验收主体的管理模式。全域国土综合整治项目建设过程中，以镇为实施主体，以村为单位统一实施复垦；或由县级土地整治机构、社会资本为主体，按照土地复垦项目标准和流程，以项目制实施复垦。在确保复垦耕地达到质量标准，灌排设施完善的前提下，由县级自然资源部门和农业农村部门负责监管和验收，报省级自然资源主管部门备案，利用卫片执法等方式对耕地实行动态监测监管。

三、强化"新进"耕地的条件建设与利用管理

"进出平衡"流入耕地的主要以"三调"中非耕地的农用地为主。对于"二调"和"三调"中均为非耕地的农用地，即可作为"进出平衡"的耕地流入指标，也可用实施全域国土综合整治项目的新增耕地指标作为"进出平衡"流入耕地来源。按照"谁实施、谁管护"的原则落实新增耕地耕种和设施管护。应强化新增耕地的质量验收，保障耕种主体的投入和投劳与耕地产出效益成正比，才能确保新增耕地不抛荒。管护责任主体按照实施方式确定。其中，由耕地流出的占

用耕地方实施的，由耕地流出的占用耕地方负责管护；由镇、村实施的耕地流入，由村集体负责管护；由县级土地整治机构实施的耕地流入，由施工单位负责管护；由社会资本投资实施的耕地流入，由投资主体实施管护。

参考文献

[1] 娄国胜,王秋林. 对第三次国土调查总结工作中几个问题的思考[J]. 经纬天地,2022,(02):93-95.

[2] 刘彦随. 现代人地关系与人地系统科学[J]. 地理科学,2020,40(08): 1221-1234.

[3] 罗海平,桂俊练,张显未. 新中国成立以来党的粮食安全政策及时代启示[J]. 当代经济研究,2023(10):56-67.

[4] 郝帅,王国刚,杨艳涛,等. 高标准农田建设研究追踪与未来展望——基于CiteSpace可视化分析[J]. 中国农业资源与区划,2023,44(04):113-124.

[5] 李寒冰,金晓斌,韩博,等. "双碳"目标下全域土地综合整治的学理研究与实践路径[J]. 地理研究,2022,41(12):3164-3182.

[6] 金晓斌,罗秀丽,周寅康. 试论全域土地综合整治的基本逻辑、关键问题和主要关系[J]. 中国土地科学,2022,36(11):1-12.

[7] 沈振,高阳,刘悦忻,等. 基于生态安全格局的国土综合整治关键区识别与策略研究——以辽宁省庄河市为例[J]. 中国土地科学,2022,36(11):24-35.

[8] 胡动刚,蒙萌,胡思颖,等. 2010年以来从土地整治到全域整治的热点研究和阶段分析——基于耕地保护视角[J]. 华中农业大学学报,2021,40(06):103-111.

[9] 赵庆磊,姜广辉,熊婵,等. 土地整治功能分区及其整治方向研究[J]. 中国农业资源与区划,2021,42(02):52-60.

[10] 陈坤秋,龙花楼. 土地整治与乡村发展转型:互馈机理与区域调控[J]. 中国土地科学,2020,34(06):1-9.

[11] 孙瑞,金晓斌,赵庆利,等. 集成"质量—格局—功能"的中国耕地整治潜力综合分区[J]. 农业工程学报,2020,36(07):264—275.

[12] 赵鸿雁,陈英,裴婷婷,等. 土地整治的生态系统服务价值评估——参数优化与实证[J]. 干旱区研究,2020,37(02):514—522.

[13] 陈洁梅,林曾. 中国农业循环经济高质量发展水平测度及驱动因素分析[J]. 经济问题探索,2023(10):85—97.

[14] 武文豪,杨琰瑛,马田田,等. 农牧交错区农业资源利用与优化模式——以榆林市为例[J]. 农业资源与环境学报,2023,40(05):1231—1244.

[15] 李寒冰,金晓斌,孙瑞,等. "强—弱可持续"视角下土地整治对区域脱贫的贡献度[J]. 自然资源学报,2023,38(03):642—657.

[16] 陈文广,孔祥斌. 中国耕地保护科技创新战略探索[J]. 土壤通报,2023,54(04):947—954.

[17] 黄玉莉,陈耀政,叶宗达,等. 基于生命共同体理论的桂林市国土空间生态修复规划探讨[J]. 规划师,2023,39(09):98—104.

[18] 黄雪飞,吴次芳,廖蓉. 中国土地整治政策演进的制度逻辑——分析框架与历史观察[J]. 经济社会体制比较,2023(02):142—152.

[19] 武舜臣,王兴华. 推进粮食安全观有效转变:事实、成因和实践路径[J]. 农村经济,2023(02):33—39.

[20] 董祚继,韦艳莹,任聪慧,等. 面向乡村振兴的全域土地综合整治创新——公共价值创造与实现[J]. 资源科学,2022,44(07):1305—1315.

[21] 余建忠,董翊明,田园,等. 基于自然资源整合的浙江省全域土地综合整治路径研究[J]. 规划师,2021,37(22):17—23.

[22] 李秀彬,赵宇鸾. 森林转型、农地边际化与生态恢复[J]. 中国人口·资源与环境,2011,21(10):91—95.

[23] 刘彦随,龙花楼,陈玉福,等. 空心村整治应提升为国家战略[J]. 国土资源导刊,2012,9(07):31—33.

[24] 李升发,李秀彬. 耕地撂荒研究进展与展望[J]. 地理学报,2016,71(03):370—389.

[25] 赵修杰,张仕超,刘竞宇,等. 协同视角下乡村"三生空间"演变轨迹与

格局重构[J]. 江西农业学报,2021,33(12):136—142.

[26] 中共中央 国务院. 乡村振兴战略规划(2018—2022年)[N]. 人民日报,2018-09-27(001).

[27] 林佳,宋戈,张莹. 国土空间系统"三生"功能协同演化机制研究——以阜新市为例[J]. 中国土地科学,2019,33(04):9—17.

[28] 刘晓恒. 贵州农村"三生"用地分布特征与空间重构研究[D]. 贵州大学,2019.

[29] 陈伟军. 以全域土地综合整治为抓手助力乡村振兴战略的绍兴探索与思考[J]. 浙江国土资源,2018(11):30—32.

[30] 胡一婧. 稻田美乡村美生态美平湖市全域土地综合整治描绘如歌画卷[J]. 浙江国土资源,2020(11):51—52.

[31] 张锐. 城乡融合:乡村振兴的强劲驱动[N]. 证券时报,2018-01-04(A003).

[32] 中国共产党第十九届中央委员会第五次全体会议公报[R]. 新华社,2020-10-29.

[33] 许恒周. 全域土地综合整治助推乡村振兴的机理与实施路径[J]. 贵州社会科学,2021(05):144—152.

[34] 惠鹏凯. 乡村振兴战略背景下全域国土综合整治研究[D]. 长安大学,2021.

[35] 韩博,金晓斌,顾铮鸣,等. 乡村振兴目标下的国土整治研究进展及关键问题[J]. 自然资源学报,2021,36(12):3007—3030.

[36] 陈宾. 乡村振兴背景下南京市土地综合整治研究[D]. 南京农业大学,2019.

[37] 刘丰华. 基于"三生空间"协调的西安市乡村空间布局优化研究[D]. 长安大学,2019.

[38] 王真. 乡村振兴背景下乡镇全域土地综合整治研究[D]. 河南大学,2021.

[39] 习近平. 建设好生态宜居的美丽乡村 让广大农民有更多获得感幸福感[N]. 人民日报,2018-04-24(001).

[40] 龙花楼,张英男,屠爽爽. 论土地整治与乡村振兴[J]. 地理学报,2018,73(10):1837—1849.

[41] 樊建琼. 土地整治与乡村振兴发展探讨[J]. 产业与科技论坛,2021,20(24):17—18.

[42] 伍黎芝. 乡村振兴背景下全域土地综合整治转型发展及路径选择[J].

小城镇建设,2020,38(11):10—15.

[43] 钟天明,严桥来,何佑勇.对开展全域土地综合整治助力乡村振兴战略实施的思考[J].浙江国土资源,2020(03):21—23.

[44] 张健,濮励杰,蔡芳芳,等.基于城乡统筹综合评价的江苏省土地整治模式分析[J].安徽农业大学学报,2013,40(04):660—667.

[45] 刘彦随.中国新时代城乡融合与乡村振兴[J].地理学报,2018,73(04):637—650.

[46] 严金明,王晨.基于城乡统筹发展的土地管理制度改革创新模式评析与政策选择——以成都统筹城乡综合配套改革试验区为例[J].中国软科学,2011(07):1—8.

[47] 何佑勇,沈志勤,程佳.高质量推进土地综合整治的实践与思考——以浙江省为例[J].中国土地,2021(01):39—41.

[48] 杨忍,刘芮彤.农村全域土地综合整治与国土空间生态修复:衔接与融合[J].现代城市研究,2021(03):23—32.

[49] 陈为.日本过疏农山村的振兴及其对中国农村现代化的启示:以日本国福岛县三岛町为例[J].广西师院学报,1999(01):12—19.

[50] 向勇,孙迎联.项目进村与微治理:村民小组治理何以有效?——基于涉农项目落地的多案例考察[J].农村经济,2020(01):71—80

[51] 金炜玲.理解生活富裕:农民的感知与需求[J].中国农业大学学报(社会科学版),2022,39(04):106—122.

[52] 尹怡诚,王亚琴,任嘉,等.从十八洞村看乡村振兴战略实施的有效路径[J].科技导报,2021,39(23):73—79.

[53] 焦必方.伴生于经济高速增长的日本过疏化地区现状及特点分析[J].中国农村经济,2004(08):73—79.

[54] 杨浩,卢新海,陈东军.面向乡村振兴的湘南宅基地整治潜力分区及发展路径[J].农业工程学报,2021,37(18):263—272+339.

[55] 戈大专,孙攀,周贵鹏等.传统农区粮食生产转型机制及其安全效应——基于乡村空间治理视角[J].自然资源学报,2021,36(06):1588—1601.

[56] 金晓斌,张晓琳,范业婷,等.乡村发展要素视域下乡村发展类型与全域土地综合整治模式探析[J].现代城市研究,2021(03):2—10.

[57] 贾文涛,张中帆.德国土地整理借鉴[J].资源·产业,2005(02):77—79.

[58] 徐勇,陈军亚.国家善治能力:消除贫困的社会工程何以成功[J].中国社会科学,2022(06):106—121+206—207.

[59] 冯楠.农村人居环境整治与乡村旅游开发结合的问题与出路[J].农业经济,2022(08):63—64.

[60] 叶兴庆.新时代中国乡村振兴战略论纲[J].改革,2018(01):65—73.

[61] 戈大专,陆玉麒,孙攀.论乡村空间治理与乡村振兴战略[J].地理学报,2022,77(04):777—794.

[62] 黄祖辉,胡伟斌.全面推进乡村振兴的十大重点[J].农业经济问题,2022(07):15—24.

[63] 李廷栋,刘勇.优化生态环境保障人民健康[J].地球科学,2022,47(10):3477—3490.

[64] 向德平,向凯.从"脱贫"到"振兴":构建发展型乡村振兴社会政策[J].社会发展研究,2022,9(03):33—47+243.

[65] 李裕瑞,曹丽哲,王鹏艳,等.论农村人居环境整治与乡村振兴[J].自然资源学报,2022,37(01):96—109.

[66] 叶兴庆.迈向2035年的中国乡村:愿景、挑战与策略[J].管理世界,2021,37(04):98—112.

[67] 魏洪斌,罗明,鞠正山,等.中国土地整治"十二五"研究重点评述与"十三五"研究展望[J].水土保持研究,2017,24(02):371—377.

[68] 刘秉镰,边杨,周密,等.中国区域经济发展70年回顾及未来展望[J].中国工业经济,2019(09):24—41.

[69] 金华宝,伍科.乡村振兴促进共同富裕的三重逻辑[J].理论与改革,2022(05):69—81+149.

[70] 陈鹏,田璐.历史演进视角下全域土地综合整治的实施探讨[J].小城镇建设,2020,38(11):5—9+55.

[71] 振琪,张子璇,孙煌,等.2021年土地科学研究重点进展评述及2022年展望——土地工程与信息技术分报告[J].中国土地科学,2022,36(03):127—138.

[72] 李鑫,马晓冬,胡嫚莉.乡村地域系统人－地－业要素互馈机制研究[J].地理研究,2022,41(07):1981－1994.

[73] 赵云皓,徐志杰,辛璐,等.生态产品价值实现市场化路径研究——基于国家EOD模式试点实践[J].生态经济,2022,38(07):160－166.

[74] 刘欢,韩广富.中国共产党推进农村精神文明建设的百年历程、经验与展望[J].兰州学刊,2022(01):15－26.

[75] 陈印军,向雁,金轲.论耕地质量红线[J].中国农业资源与区划,2019,40(03):1－4.

[76] 贾若祥,王继源,窦红涛,等.推进共同富裕的实践途径研究[J].宏观经济研究,2022(10):5－19＋36.

[77] 乔陆印.乡村振兴视域下农村土地整治的内涵重构与系统特征[J].农业工程学报,2019,35(22):58－65.

[78] 安文雨,涂婧林,侯东瑞,等.国土空间生态修复与乡村振兴:共现与融合[J].华中农业大学学报(自然科学版),2022,41(03):1－10.

[79] 张东旭.乡村振兴背景下的农村土地整治研究[J].新农业,2022(09):83－85.

[80] 肖武,侯丽,岳文泽.全域土地综合整治的内涵、困局与对策[J].中国土地,2022(07):12－15.

[81] 李晓华.农村土地整治助推城乡融合发展路径研究[J].安顺学院学报,2022,24(02):26－29＋10.

[82] 王晓毅,阿妮尔.全球视野下的中国特色乡村振兴:制度优势与行动路径[J].社会学研究,2022,37(05):1－18＋226.

[83] 叶敬忠,胡琴.共同富裕目标下的乡村振兴:主要挑战与重点回应[J].农村经济,2022(02):1－8.

[84] 刘永强,龙花楼,李加林.农业转型背景下土地整治流转耦合模式与保障机制辨析[J].经济地理,2020,40(10):50－57.

[85] 李小云,马阳.中国现代化语境下乡村振兴的实现路径[J].理论与改革,2022(04):136－144.

[86] 尹延兴,金晓斌,韩博,等."空间冲突－功能障碍"视角下国土综合整治内涵、机制与实证[J].农业工程学报,2022,38(07):272－281＋345.

[87] 谭林,陈岚.乡村空间重构与土地利用转型耦合机制及路径分析[J].

自然资源学报,2022,37(07):1829-1847.

[88] 何硕研,方相,杨钢桥.土地综合整治能促进乡村产业转型吗?——来自湖北省部分乡村的证据[J].中国土地科学,2022,36(04):107-117.

[89] 刘娟,张淼,卜斯源.乡村振兴研究述评与反思[J].中国农业大学学报(社会科学版),2022,39(04):5-31.

[90] 杜俊燕,张克露.全域土地整治助力乡村振兴的路径研究——以山西省为例[J].南方农机,2022,53(19):108-110.

[91] 王伟娜.我国农村土地整治模式优化研究[D].中共中央党校,2018.

[92] 顾守柏,刘伟,夏菁.PPP模式在上海土地整治中的运用[J].中国土地,2015(09):43-46.

[93] 刘石锦,李光成,张晶.关于以EPC模式承揽全域土地综合整治项目实施的思考[J].建筑技术开发,2022,49(02):43-45.

[94] 万婷,张淼.基于乡村振兴战略的土地整治综述及发展趋势研究[J].中国农业资源与区划,2018,39(05):1-6.

[95] 高明秀,赵庚星,王瑷玲.土地整理与农村建设:国外的分析及中国的对策[J].农业工程学报,2006(S2):299-302.

[96] 丁恩俊,周维禄,谢德体.国外土地整理实践对我国土地整理的启示[J].西南农业大学学报(社会科学版),2006(02):11-15.

[97] 谢德体.国外土地整理实践及启示[J].国土资源,2007(09):30-33.

[98] 乔庆伟,许庆福,王增如.国外土地整治管理的经验与借鉴[J].山东国土资源,2012,28(10):68-72.

[99] 袁中友,杜继丰,王枫.日本土地整治经验及其对中国的启示[J].国土资源情报,2012(03):15-19.

[100] 周雅珺.国外土地整理实施经验对河南省土地整理的启示[J].资源导刊,2016(05):24-25.

[101] 朱鹏飞,华璀.国外土地整理经验对我国的启示——以德国、荷兰为例[J].安徽农业科学,2017,45(07):176-178+204.

[102] 曲福田.典型国家和地区土地整理的经验及启示[J].资源与人居环境,2007(20):12-17.

[103] 蒲春玲,吴郁玲,金晶.国外土地整理实施经验对新疆土地整理的启示[J].农村经济,2004(02):95-97.

[104] 何姣云,贺荣兵,龙振华,等.从国外土地整理特点看我国土地整理的意义与原则[J].农村经济与科技,2010,21(06):75—76.

[105] 程丹.国外土地整理的成功经验及对我国土地整理的启示[J].宿州学院学报,2015,30(08):9—13.

[106] 吴诗嫚,叶艳妹,林耀奔.德国、日本、中国台湾地区多功能土地整治的经验与启示[J].华中农业大学学报(社会科学版),2019(03):140—148+165—166.

[107] 吕云涛,张为娟.德国土地整治的特点及对中国的启示[J].世界农业,2015(06):49—52.

[108] 陈文明,王敬.德国土地整治对湖南的借鉴[J].中国国土资源经济,2018,31(05):59—62.

[109] 秦玉芹,李斐,金雄.几个国家和地区的土地整理及对我国的启示[J].当代生态农业,2012(Z2):117—121.

[110] 郧文聚.鸟瞰日本土地整治[J].中国土地,2011 (3) .

[111] 王邻孟.土地制度变革中俄罗斯的土地整理[J].中国土地科学,1997(S1):66—68.

[112] 龙花楼.论土地利用转型与土地资源管理[J].地理研究,2015,34(09):1607—1618.

[113] 胡锦涛.坚定不移沿着中国特色社会主义道路前进为建成小康社会而奋斗——在中国共产党第十八次全国代表大会上的报告[M].北京:人民出版社,2012.

[114] 习近平.高举中国特色社会主义伟大旗帜为全面建设社会主义现代化国家而团结奋斗——在中国共产党第二十次全国代表大会上的报告[M].北京:人民出版社,2022.

[115] 周远波.全域土地综合整治若干问题思考[J].中国土地,2020(01):4—7.

[116] 王军,钟莉娜.中国土地整治文献分析与研究进展[J].中国土地科学,2016,30(04):88—97.

[117] 张维宸.土地整治助推粮食增产[J].中国土地,2011(12):24—25

[118] 张玉明.国土空间规划背景下全域土地综合整治探析[J].黑龙江粮食,2022(09):64—66.

[119] 习近平. 在全国脱贫攻坚总结表彰大会上的讲话[N]. 人民日报, 2021-02-26(002).

[120] 2022年中央一号文件公布要求牢牢守住保障国家粮食安全和不发生规模性返贫两条底线[J]. 资源与人居环境, 2022(03):6—8.

[121] 晓叶. 从"占补平衡"到"进出平衡"[J]. 中国土地, 2022(01):1.

[122] 郭云, 高浩. 对耕地"进出平衡"制度落地实施有关问题的思考[J]. 中国土地, 2022(09):59—60.

[123] 黄文娟. 耕地"进出平衡"实施路径探析[J]. 资源导刊, 2022(06):20.

[124] 李炼军. 土地整理的法律研究[D]. 西南政法大学, 2006.

[125] 霍原. 我国土地整理制度的立法思考[D]. 东北林业大学, 2004.

[126] Long Hualou, Qu Yi. Land use transitions and land management: A mutual feedback perspective[J]. Land Use Policy, 2018, 74:111—120.

[127] Zlatica Muchová, Mária Leitmanová, František Petrovič. Possibilities of optimal land use as a consequence of lessons learned from land consolidation projects (Slovakia)[J]. Ecological Engineering, 2016(90):294—306.